Gustav Lünenborg

Feuer statt Asche

für

Recht

und

Freiheit

**Briefe
eines Soldaten
aus dem Ruhestand**

2010 - 2020

Gustav Lünenborg

Feuer statt Asche

für
Recht
und
Freiheit

Briefe
eines Soldaten
aus dem Ruhestand

2010 - 2020

2020

Carola Hartmann Miles-Verlag Berlin

Bibliografische Information der Deutschen Nationalbibliothek
Die Deutsche Nationalbibliothek verzeichnet diese Publikation in der Deutschen Nationalbibliografie; detaillierte bibliografische Daten sind im Internet über www.dnb.de abrufbar.

www.miles-verlag.jimdo.com
email: miles-verlag@t-online.de

Titelbild: Collage des Autors; Hintergrund: Halle der Hamburger Messe im Abriss, davor lebensgroßer Reiter, der neben der Hamburger Kunsthalle steht. Interpretation: Mut, vom Alten zu lassen; Verstand, Neues zu denken; Kraft, es zu tun; Weisheit, das Gute zu bewahren.

Herstellung: BOD – Books on Demand, Norderstedt

Printed in Germany

ISBN 978-3-96776-012-5

Wer zu Hause bleibt, wenn der Kampf beginnt
Und läßt andere kämpfen für seine Sache,
Der muß sich vorsehen: denn
Wer den Kampf nicht geteilt hat,
Der wird teilen die Niederlage.
Nicht einmal den Kampf vermeidet,
Wer den Kampf vermeiden will: denn
Es wird kämpfen für die Sache des Feindes,
Wer für die eigene Sache nicht gekämpft hat.

Berthold Brecht

Inhalt

Worum es geht

Der Offiziersberuf ist ein besonderer, ein unvergleichbarer Beruf. Nach dem 2. Weltkrieg und der Shoah, in einer pazifistisch gesinnten Gesellschaft ist es naheliegend, Arzt oder Rechtsanwalt, Betriebswirt oder IT-Manager zu werden, aber nicht als Offizier in Frieden und Krieg dem Staat zu dienen, Menschen an Waffen auszubilden und sie zu erziehen, auf Befehl zu zerstören und zu töten.

Zwischen der resignierenden Feststellung des Obristen in Afghanistan „Es hat sich nicht gelohnt.", der Forderung des jungen Leutnants nach einer „mentalen Reinigung des Offiziersstandes", der Erkenntnis des Grafen von Baudissin, dass der Offiziersberuf ein eminent politischer Beruf ist und dem Eid des Soldaten, der Bundesrepublik Deutschland treu zu dienen und das Recht und die Freiheit des deutschen Volkes tapfer zu verteidigen, liegt die Herausforderung, die Tragik, die Würde dieses Berufs.

Wer will noch unter die Soldaten? Die Bundeswehr nach Ende der Allgemeinen Wehrpflicht eine Parallelgesellschaft im geschäftigen Deutschland, vom Parlament als Alibi genutzt, um dort, wo es brennt, etwas dabei zu sein, von der Gesellschaft belächelt, weil das Gerät zu wenig oder kaputt, von den eigenen Familien unverstanden, wenn der Soldat mit posttraumatischer Erschütterung den Anschluss an das „normale" Leben nicht mehr findet.

Die seit Jahren anhaltende Diskussion über die Ausrüstung der Bundeswehr mit bewaffneten Drohnen muss den deutschen Soldaten, dem in Mali oder Afghanistan hochbewaffneten Gegner gegenüberstehen, die dem Kriegsvölkerrecht und allen anderen humanen Kriegsregeln Hohn lachen, nur noch empören. Dass NATO-Soldaten ihre deutschen Kameraden verständnislos bemitleiden, rundet das Bild ab.

Deutschland, eine Insel der Seligen. Nach dem 2. Weltkrieg und der Teilung Deutschlands folgten in der Bundesrepublik die Jahre der Besinnung und des Neuanfangs. Die BRD hatte die Gunst der Lage und wurde zur Verteidigung des demokratischen Resteuropas gegen die bedrohliche kommunistische Diktatur gebraucht. Aber als Akteur auf der internationalen Bühne war sie zunächst nicht erwünscht. Sie nutzte die Auszeit in der weltpolitischen Nische zu einem unglaublichen wirtschaftlichen Aufschwung und zur Etablierung einer weltweit bewunderten liberalen und sozialen Demokratie. Bis zur Wiedervereinigung hatte sich die BRD in der weltpolitischen Zuschauerrolle bequem eingerichtet. Spätestens mit Ende der Wehrpflicht verschwand jedes Gefühl, militärisch bedroht zu sein und jeder Gedanke an Krieg in Europa. Heute ist Kriegsgefahr in Europa wieder real und wachsende Kräfte fordern den liberalen Rechtsstaat demagogisch und antidemokratisch heraus, während unser Land sich zögernd an mehr Verantwortung und Führung herantastet.

Die Überzeugung meiner Generation, Demokratie würde Diktatur zwangsläufig und friedlich überwinden, Recht und Freiheit als Lebensform einer Gesellschaft Diktatur und Zwang immer überlegen sein, erweist sich als vorschnell. China etabliert, bisher erfolgreich, ein System der totalen Gedankenkontrolle, wird trotzdem Weltmacht und stellt die Systemfrage mit Macht. Russland bricht jedes Völkerrecht und will zur alten Größe zurück. Die derzeitige Führung der USA zerstört die Ordnung und das Vertrauen in die freie Welt mit Hybris, Lüge und Destruktion. Der Nahe Osten brennt. Die Europäische Union (EU) zerstört Werte und Zusammenhalt von innen heraus und bleibt Zuschauer der internationalen Politik.

Die EU ist unersetzlich, aber dabei, sich selbst zu zerstören. Scheitert sie, ist dann eine verkleinerte handlungsfähige Gemeinschaft auf starker demokratischer Vertragsgrundlage besser als ein großes Bündnis, das seine Werte verrät und so seine Selbstachtung und den Respekt seiner Gegner verliert? Wie überleben dann die alten Demokratien im Süden? Was verhindert die fortschreitende Dominanz Chinas im Süden und Osten Europas und die erneute Expansion Russlands nach Westen? Und die USA? Sie sind nicht mehr der große Bruder, auf den man sich verlassen kann. Europa muss erwachsen werden, politisch und militärisch.

Die modernen Schlachtfelder sind Wirtschaft und Medien. Die neuen Kriege sind die Cyberkriege. Die modernen Strategen sind Männer und Frauen, die globale Entwicklungen voraussehen und die eigenen Ziele und Mittel darauf ordnen. In der entscheidenden Stunde aber sind es die militärischen Potentiale, die nuklearen und die infanteristischen, die die Entscheidung über Krieg und Frieden erzwingen. Diplomatie führt, aber Krisengebiete lassen sich oft nur durch Militär stabilisieren, Völkermord nur durch Militär aufhalten.

Unsere modernen Dienstleistungsgesellschaften sind angreifbar wie nie zuvor: Mental durch Überflutung mit manipulierten Informationen, funktional durch extreme Störanfälligkeit aller lebenserhaltenden Systeme wie Verkehr, Gesundheit, Wasser oder Energie, militärisch durch Waffen, die global über beliebige Entfernungen flächendeckend oder punktgenau eingesetzt werden können.

Der Mensch ist gläsern geworden. Wer nicht digital ist, gehört nicht mehr dazu. Digitale Gesellschaften sind denen ausgeliefert, die die Macht haben. Das Individuum ist in seiner Eigenständigkeit, in seiner Souveränität bedroht. Eigenständigkeit ist das Signum des mündigen Bürgers. Die Bundeswehr gründet auf diesen mündigen Staatsbürger in Uniform. Bildung, Werte und Courage sollen ihn auszeichnen, Mut zum Widerspruch mit Argument und Respekt in Verantwortung für das Ganze.

Ohne Befehl und Gehorsam funktioniert keine militärische Organisation. Ohne Bindung an den demokratischen Rechtsstaat und ohne individuelle Verantwortung für sein Handeln wird der Soldat zum reinen Befehlsempfänger, zum Söldner.

Die Zukunft wird unübersichtlicher. Der mündige Soldat ist gefordert, mehr denn je. Drei Beispiele, um die Dimension deutlich zu machen: Die neuen Kampfmaschinen, z. B. Fluggeräte oder Roboter, können autonome Waffensysteme sein. Wer behält die letzte Entscheidung für den Einsatz, wer ist der „verantwortlich Handelnde"? Dann: Eine integrierte Europaarmee ist für eine politisch handlungsfähige EU unverzichtbar. Wie kann sie entstehen beim Parlamentsvorbehalt über die Bundeswehr? Schon die kleinen Kampfgemeinschaften, NATO-gemischt, sind nicht kompatibel. Schließlich: Der Koalitionspartner, die SPD, stellt die atomare Teilhabe Deutschlands in Frage. Was bliebe nach Abzug der USA an Abschreckung in Europa?

Corona mischt die Karten unserer Welt neu. Deutschland ist die europäische Zentralmacht. Ihre strategische Aufstellung und Führungskraft wird für die Zukunft eines demokratischen Europas, für Recht und Freiheit entscheidend sein. Starke und angesehene deutsche

Streitkräfte werden dabei zur Landes- und Bündnisverteidigung, aber auch als Mittel einer globalen Friedenspolitik unersetzlich.

Der Soldat dient, um notfalls „Recht und Freiheit des deutschen Volkes tapfer zu verteidigen“. Der Widerspruch zwischen Anspruch und Wirklichkeit der deutschen Sicherheitspolitik heute, die eklatanten Mängel in der Einsatzbereitschaft, die Angst des Parlaments vor robusten Einsätzen und ihren Folgen, machen die Bundeswehr zum Gespött der Gesellschaft und den Soldaten ohne Ansehen und Stolz.

Was ist der Sinn seines Dienstes und was der Nutzen seines Einsatzes? Wo ist der große Atem, die positive Vision, die den Einsatz seiner Waffen auch außerhalb des eigenen Landes rechtfertigt? Was sind die Argumente, die ihn selbst, Frau und Kinder, Eltern und Freunde überzeugen, dass er für eine gute Sache steht und die die Zweifel besänftigen? Das sind die Fragen, die immer wieder neu zu beantworten sind. Es sind Fragen an Staat und Gesellschaft. Die Gesellschaft wird die Soldaten bekommen, die sie gibt, Soldaten mit dem demokratischen oder dem undemokratischen, faschistischen Geist, den sie ihnen einhaucht.

Die Besonderheit des militärischen Dienstes unterwirft den Soldaten den Entscheidungen des Parlaments auch bei Fragen von Leben und Tod. Er ist kein blinder Befehlsempfänger. Er hat sich in freiem Entschluss dieser Republik, die sich einzigartig in dieser Verfassung definiert, zur Verfügung gestellt. Er ist freier Bürger und nicht Söldner. Seine Verantwortung für seine Untergebenen, für das eigene Leben, für das Gemeinwohl und für seinen Staat fordert deshalb in besonderem Maße seine Mitwirkung im politischen Prozess.

Meine Offiziersgeneration hatte das Glück, in Freiheit und Wohlstand zu leben, bei klar erkennbarer Bedrohung, in einem starken Bündnis, mit Allgemeiner Wehrpflicht und ausreichend getragen von Bevölkerung und Politik. Die Lage hat sich geändert. Der demokratische Rechtsstaat ist herausgefordert. Der freie, selbstbestimmte Bürger muss seine Verantwortung wahrnehmen. Demokratie braucht Bürger.

Der Soldat steht in den Bruchlinien dieses dynamischen Prozesses. Er muss sich mit Leidenschaft beteiligen: Feuer statt Asche.

Hamburg, im Juni 2020

Das letzte Kommando

Am 28. September 1993 fanden sich in der Lettow-Vorbeck-Kaserne in Bad Segeberg ca. 250 Gäste ein zur Verabschiedung des Kommandeurs des Verteidigungskreiskommandos (VKK) 113 durch den Befehlshaber Territorialkommando (TK) Schleswig-Holstein, Generalmajor Jürgen von Falkenhayn. Nach sechseinhalb Jahren Führung des VKK 113 schlug meine letzte Stunde als aktiver Soldat.

Das VKK 113 war eine Dienststelle des Territorialheeres. Es war zuständig zum einen für die Zivil-Militärische-Zusammenarbeit (ZMZ) in den Landkreisen Segeberg, Pinneberg, Herzogtum Lauenburg, Stormarn und der kreisfreien Stadt Neumünster, zum anderen für Führung und Ausbildung von gut 3.000 Reservisten.

In der ZMZ war das VKK 113 also das Scharnier zwischen der 6. Panzergrenadierdivision (6. PzGrenDiv) mit ihren Brigaden auf der militärischen Seite und den Kreisverwaltungen mit ihren Katastrophenschutzorganen auf der zivilen.

Für den Spannungs- und den Verteidigungsfall war zusammen mit den Kreisverwaltungen der reibungslose Aufmarsch der 6. PzGrenDiv, das Rückführen der Flüchtlingsströme, die Versorgung der Zivilbevölkerung und die Unterstützung der militärischen Verbände durch zivile Kapazitäten vorzubereiten und sicherzustellen.

Dass zu der ZMZ zwischen Elbe und innerdeutscher Grenze auch eingespielte Verbindungen zu allen gesellschaftlich wichtigen Kräften gehörten, erhöhte Herausforderung und Reiz der Aufgabe und gab dem Kommandeur und seinem Stab ein außerordentliches Feld an Initiativen und Begegnungen.

An diesem 28. September waren unter den zivilen Gästen die Sozialministerin des Landes Schleswig-Holstein, Bürgervorsteher und Bürgermeister der Stadt Bad Segeberg, der Kreispräsident und der Landrat, Bürgermeister und Leitende Verwaltungsbeamte der Kreise, Repräsentanten der Handwerkerschaften, der Bauernverbände, der Feuerwehren und Polizeien, der Parteien und Kirchen, der Forstverwaltungen und der Umweltverbände. Unter den militärischen Gästen zwei ehemalige Befehlshaber TK S-H, der Kommandeur der 6. Panzergrenadierdivision, Brigade- und Bataillonskommandeure aus dem Verteidigungskreis (VK), Generalstabsoffiziere der 6. und des TK, der Vorsitzende des Landesreservistenverbandes und eine große Zahl von Reserveoffizieren und Unteroffizieren der Reserve aus Beorderung und Zusammenarbeit mit dem VKK 113.

Verteidigungskreiskommando 113 Bad Segeberg, 28.09.1993
Kommandeur
G. L. OTL

Ansprache
aus Anlass der Verabschiedung aus dem aktiven Dienst

am 28.09.1993 in der Lettow-Vorbeck-Kaserne Bad Segeberg

Frau Ministerin Moser, Herr Bürgervorsteher Hilse, Herr Bürgermeister Nether, Herr Kreispräsident Zylka, Herr Landrat Gorrissen, Herr General von Falkenhayn, meine sehr verehrten Damen und Herren.

Seien Sie uns, den Angehörigen des VKK 113 und mir persönlich, der ich heute hier von meinem Befehlshaber verabschiedet werde, herzlich willkommen.

In diesem Saal, in dieser Stunde präsentiert sich zivil-militärische Zusammenarbeit, die ZMZ in sehr ungewöhnlicher, aber beispielhafter Weise. Die Medien zeigen gern Panzer und Düsenjäger, marschierende Soldaten und vielleicht noch ein Gelöbnis in der Öffentlichkeit. Wer schreibt schon von den Aufmarschstraßen der 6. PzGrenDiv im Spannungs- und Verteidigungsfall, von den Straßen, die für die zurückflutenden Flüchtlinge freigehalten werden müssen, von der Inanspruchnahme ziviler Kfz-Werkstätten für die kämpfende Truppe, von der Sicherstellung der Stromversorgung durch Schutz der Einrichtungen des Europäischen Verbundnetzes im Verteidigungskreis, dem Schutz der Pumpwerke für die Wasserversorgung, der Knoten des europäischen Telefonnetzes zwischen Skandinavien und Südeuropa und von denen, die dies alles im Blick haben mögen, den Kreisverwaltungen mit ihren Organen des Katastrophenschutzes und den Dienststellen des Territorialheeres.

Deutschland ist ein freiheitlicher Rechtsstaat. Aber es ist auch eine wehrhafte Demokratie. Erst der Zusammenschluss der militärischen und der zivilen Kräfte in der Gesamtverteidigung macht unser Land verteidigungsfähig, schafft glaubwürdige Abschreckung, d. h. Friedenssicherung und notfalls die Stärke, einem Angriff erfolgreich zu begegnen.

In deutschen Hörsälen und tausend Geländebesprechungen haben Taktiker und Strategen der Bundeswehr in den vergangenen 30 Jahren mit Können und Leidenschaft den Einsatz von Verbänden und Großverbänden in der Norddeutschen Tiefebene oder im schönen Franken in Feuer und Bewegung gelehrt. Die lebenswichtige Voraussetzung für jede erfolgreiche Landesverteidigung, die Zivil-Militärische-Zusammenarbeit, die Zusammenarbeit von Feldheer und Territorialheer war gegen die Eleganz des Einsatzes von Panzerverbänden eher lästiges Beiwerk.

In diesem Saal zeigt sich heute das ganze Spektrum dieser Gesamtverteidigung. Das VKK 113 ist für vier Landkreise und die Stadt Neumünster das Scharnier in der zivil-militärischen Zusammenarbeit, der zentrale Ansprechpartner für beide Seiten. Die Aufgabe war außerordentlich. Sie hat den überschaubaren Stab gefordert und konnte nur durch die beispielhafte Unterstützung unserer Reserveoffiziere und Unteroffiziere gemeistert werden.

Ich spreche von den 55 aktiven militärischen und zivilen Mitarbeitern und gleichrangig von unseren, für den Mobilmachungsfall beorderten 1.765 Reservisten, den 1.400 Reservisten aus der Freiwilligen Reservistenarbeit und den über 100 nicht beorderten Reserveoffizieren aus dem Verteidigungskreis, die im VKK 113 militärische Heimat gefunden haben. Wenn ich die Substanz deutlich machen will, aus der wir geschöpft haben, dann gehören dazu all die Männer und Frauen in Kreisverwaltungen und Rathäusern, in Polizeien und Bundesgrenzschutz, in Feuerwehren und anderen Organisationen des Katastrophenschutzes, in Kirchen und Akademien, Parteien und Verbänden, BUND und WWF, der 6. Panzergrenadierdivision und der Bundeswehrverwaltung.

Ihre bereitwillige Zusammenarbeit, oft ihre freundschaftliche Zuwendung, hat den Erfolg unserer Arbeit möglich gemacht.

Es gehört zu den Erfahrungen dieser sechs Jahre, dass von keiner Seite, auch nicht von denen, die der bewaffneten Macht kritisch gegenüberstehen, eine sachliche Zusammenarbeit verweigert wurde. Nicht wenige unserer Partner in der Zivil-Militärischen-Zusammenarbeit in hohen und sehr hohen Positionen von Verwaltung, Politik und Organisationen haben als 20jährige den Wehrdienst verweigert. Dies hat dem verständnisvollen Miteinander für eine effektive Landesverteidigung keinen Abbruch getan.

Dies entspricht nicht dem äußeren Eindruck, den Medien und Stammtische oft verbreiten. Ich habe dafür allen, ganz besonders den Kreisverwaltungen, die unsere wichtigsten zivilen Partner sind, zu danken.

Unsere beorderten und die freiwilligen Reservisten waren der Reichtum des VKK. Ca. 3.000 Männer aus allen Berufen, über 60 Stabsoffiziere der Reserve unter ihnen, sind ein großartiges Kapital.

Wer die Bundeswehr nicht kennt, weiß nicht, wie intensiv die Einbindung dieser Reservisten als Kompaniefeldwebel, Schirrmeister, Köche, Rechnungsführer, Waffenmechaniker, Geschützbediener, Kompaniechefs, Bataillonskommandeure oder Verbindungsoffiziere der Reserve und in hunderten anderen Verwendungen in die aktive Bundeswehr ist, weiß nicht, wieviel Zeit, Kraft und nicht selten privates Geld die Reservisten oft freiwillig für die Sicherheit und die Politikfähigkeit unseres Landes zur Verfügung stellen. Sie sind in allen Altersgruppen, allen Positionen, allen Berufen zu finden: Bäcker und Sozialarbeiter, Unternehmer und Pastoren, Kaufleute und Architekten, Handwerksmeister und Arbeiter.

Dies ist nur durch die Allgemeine Wehrpflicht möglich. Bei einem Mobilmachungsumfang von 1.35 Millionen Soldaten und einer aktiven Bundeswehr von ca. 470.000 waren bis 1990 880.000 Reservisten gleichzeitig beordert. Die Zahl der Reservisten ohne Beorderung wird mit fünf Millionen eher zu niedrig gefasst sein und die, die aus der Wehrpflicht entlassen sind, weil sie die Altersgrenze überschritten haben, werden noch einmal mehrere Millionen ausmachen.

Welch ein Faktor der Zustimmung zu unserem Staat, der Bereitschaft, ihm auch unter eigenen Einschränkungen zu dienen. Ehemalige Soldaten, aktive Reservisten in allen Bereichen unserer Arbeitswelt, in den Betrieben und Behörden, in den Krankenhäusern, bei den Feuerwehren, der Polizei, in der Politik und den Medien, in den Schulen, im Handwerk, in den Verbänden und Organisationen. Wieviel stabilisierende Kraft an positiver staatsbürgerlicher Bereitschaft, wieviel Vernetzung, gegenseitiges Kennen zu optimaler Zusammenarbeit in Not und Gefahr.

Wer die Wehrpflicht aufgibt, gibt auch diese Substanz auf. Die Aufgabe der Wehrpflicht mag irgendwann politisch unvermeidbar sein. Aber man sollte wissen, was man verliert.

Meine sehr verehrten Damen und Herren.

Die Aufgaben des VKK 113 haben mich sechseinhalb Jahre begeistert. Die Persönlichkeiten und die fachliche Qualität meiner Mitarbeiter waren das ganz besondere Angebot und die Herausforderung an mich. Wir hatten auch materiell alles, was wir benötigten, um gute Arbeit zu leisten.

Ich habe besonderen Dank zu sagen:

dem Panzergrenadierbataillon 182, der Standortverwaltung und der Stadt Bad Segeberg. Die Integration der Garnison in die Stadt ist vorbildlich. Für die intensive Hereinnahme, für das Interesse an unserer Arbeit und für ihre Großzügigkeit gegenüber ihren Soldaten habe ich der Stadt herzlichen Dank zu sagen.

Ich habe Oberstleutnant Jörg Seifert zu danken für seine freundschaftliche Unterstützung besonders in den letzten Wochen. Für die Führung des VKK in dieser schwierigen Übergangszeit kann ich mir keinen Besseren denken.

Es war eine gute, eine erfüllte Zeit.

...

Aufbruch in den Ruhestand

und Einleitung

An diesem 28. September 1993 waren noch viele Hände zu schütteln. Der große Saal voller Menschen: Willy Kröger, der treue Kreiswehrführer, der mir in herzlicher Zuneigung und soldatischem Einklang verbunden war, Jörg Nether, der Bürgermeister, mit dem ich einige freundschaftliche Jahre in der Stadt hatte, Werner Zylka, der Kreispräsident, wir hatten uns regelmäßig zu Mittagessen und Gespräch getroffen, Propst Martensen, so manche Tasse Kaffee in seiner Privatwohnung, er begleitete gelassen meinen Übertritt zum protestantischen Glauben und holte mich in den Vorstand des Kirchenkreises.

Holger Kläschen war da, Architekt aus Hamburg, Leitender Verbindungsoffizier der Reserve und mir freundschaftlich verbunden. Heide Moser war gekommen, Sozialministerin in Schleswig-Holstein, eine Kämpferin mit großem Herzen. Klaus Knütter, bald Bürgervorsteher, Respekt und dann Freundschaft führten uns zusammen, ein Mann mit viel Optimismus, Kraft und Ausstrahlung, Lehrer, Sänger und Gitarrist einer bekannten Musikgruppe, ein Menschenfänger, die Jugend liebte ihn.

Und meine Hauptfeldwebel aus der Plöner Zeit, völlig überraschend für mich. Manni Groeneveld, mein damaliger Stellvertreter an ihrer Spitze. Er hielt eine sehr launige, freundschaftliche Rede, auch von den Sprossern und der Nachtigall. Wer die Truppe kennt, weiß, wie mich das Kommen der Führer meines damaligen Unteroffizierkorps anrührte, zwölf Jahre nach dem Abschied aus dem Pionierbataillon 6.

Irgendwann muss auch der schönste Abschied ein Ende haben. Ein letztes Winken, draußen durch das Spalier der Mitarbeiter, am Ende stand Hütti, Herr Hüttmann, mein Fahrer mit dem Opel Rekord.

In unserem Haus in Nahe der kleine private Kreis: unsere Kinder, unsere Freunde. Pastor Hans Taube und seine Frau, Karin, Claudias beste Freundin und unsere Vizetochter, Holger, auch Peter Kempe, Obergefreiter im VKK, vor wenigen Jahren noch im Stab von Karl Lagerfeld bei Chanel. So manche Tasse Tee mit ihm, so manches Gespräch in den Mittagspausen. –

Mit 57 zog ich die Uniform aus. Zunächst war es wie ein großer Urlaub.

Ich brauchte einige Jahre, um in der Ungebundenheit des jungen Pensionärs meinen neuen Rhythmus zu finden, bis ich gelernt hatte, die neue Freiheit zu nutzen und zu genießen.

Die neue Situation ist Herausforderung und Chance zugleich. Da ist plötzlich das Jahr ohne Struktur, ohne Aufgaben, ohne Termine. Kein Kalender, aus dem man im November weiß, was im kommenden August an Ereignissen anliegt: Truppenübungsplatzaufenthalte, Lehrgänge, Materialprüfungen, Lehrverpflichtungen, Materialprüfungen, Vereidigungen, Auslandsreisen, Planübungen, Besuche von Gästen, Feste, Lehrvorführungen …, in der neuen Zeit Einsatz in Krisen und Krieg. Und gleichzeitig ist da eine unglaubliche Freiheit zu Neuem.

Zunächst war es wie ein großer Urlaub. Beschäftigung blieb aber genug. Klaus Knütter, inzwischen Bürgervorsteher, lud mich 1994 ein, mit ihm das „Internationale Jugendcamp der Stadt Bad Segeberg" zu leiten. Unser Einsatz für unsere neuen Nachbarn, die Ahmadiyya-Muslim-Gemeinde, führten Erika und ich bis zur Baugenehmigung und der Erlaubnis, ein überörtliches Gebetszentrum einzurichten in bewegten 14 Jahren erfolgreich zu Ende. Unsere Anliegerstraße bekam 1999 eine neue Decke. Wir hatten mit den anderen Nachbarn gemeinsam sechs Jahre gegen einen massiven Ausbau gearbeitet.

2003 verkauften wir unser Haus im Kreis Segeberg und zogen in eine Wohnanlage in Hamburg. Längst waren unsere Kinder erwachsen und ausgezogen. Claudia lebt mit ihrer Familie in der Nähe von Köln, Dirk, nach Schul- und Berufsabschluss am Rande von Hamburg. Ich war 68, Zeit, das Haus auf dem Lande gegen die Wohnung in der Stadt zu tauschen.

Ich hatte Zeit zum Schreiben. Über Reisen, unsere Enkel, die kleinen und die großen Geschichten. Las daraus öffentlich bei Wilfried im Kulturcafe'. Ich versorgte meine Enkel, wenn die Eltern mal alleine ausspannen wollten und genoss es, Großvater zu sein. Ich hatte Zeit für meine Fotoleidenschaft. Eine Ausstellung, zwei Monate hingen meine großen Fotos in Eppendorf. Theater, Konzerte, Kino. Die wöchentliche Stunde im Theologischen Gesprächskreis St.-Johannis-Harvestehude wurde mir wichtig, Konzentration und Gespräch. Reisen mit Erika oder allein, oft nach München.

Kundige wissen: Offizierssein bleibt eine Passion auf Lebenszeit. Beteiligung an der res publica ist eine Selbstverständlichkeit, dies ist mein Land, auch meine Verantwortung. Die frühe Pensionierung ist einem besonderen Beruf geschuldet mit seinen speziellen Anforderungen in Bereitschaft und Krieg.

Auch nach meiner Pensionierung vor 26 Jahren blieb die Bundeswehr mein Lebensthema und hier besonders die „Innere Führung". Distanz zum Alltag, mitten drin bei den großen Themen. Ich hatte einen „eminent politischen" Beruf und mischte mich ein.

Inzwischen bin ich 83. Die Ärzte sind wichtiger geworden, aber es bleibt genug. Wir leben in einer faszinierenden Welt und Deutschland und die Europäische Union nach 1945 sind eine großartige, beglückende Erfolgsgeschichte.

2015 erschien im Miles-Verlag mein Buch „Bürger und Soldat – Innere Führung hautnah" über meine Dienstzeit und die ersten Jahre danach. Mit diesem Buch aus dem Ruhestand schließt sich der Kreis.

Die ausgewählten Texte geben ungeschminkt Zeugnis aus der Gedanken- und Lebenswelt eines Soldaten nach seiner Pensionierung 1993. Zu offen, zu persönlich? Der Leser mag entscheiden. Die Texte sind chronologisch geordnet, stehen meist nicht im direkten Zusammenhang. Wo hilfreich, habe ich eine Erklärung vorangestellt. Einige Namen sind geändert.

2010 löste die Bischöfin Margot Käßmann mit ihrem Satz: „Nichts ist gut in Afghanistan." eine heftige Debatte aus. Ich mischte mich ein.

Die Ratsvorsitzende der Evangelischen Kirche Deutschland, die Bischöfin Margot Käßmann, sagte in ihrer Neujahrsansprache 2010 im vollbesetzten Berliner Dom: "Nichts ist gut in Afghanistan. All diese Strategien, sie haben uns lange darüber hinweggetäuscht, dass Soldaten nun einmal Waffen benutzen und eben auch Zivilisten getötet werden. (...) Aber Waffen schaffen offensichtlich auch keinen Frieden in Afghanistan. Wir brauchen mehr Fantasie für den Frieden, für ganz andere Formen, Konflikte zu bewältigen."

Die Bischöfin hinterfragte das saloppe Wort „Alles wird gut!", nannte Klima, Kinderarmut, Depressionen, eine Atmosphäre der Gnadenlosigkeit in der Gesellschaft und eben auch Afghanistan. Der Satz „Nichts ist gut in Afghanistan!" traf in Politik und Gesellschaft offenbar einen wunden Punkt und löste eine heftige Debatte aus, in der sich Repräsentanten aus allen Lagern kontrovers äußerten.

Ich schrieb einen Leserbrief an die Süddeutsche Zeitung.

forum@sueddeutsche.de zu

Klare Worte von der Kanzel

Matthias Drobinski

SZ 07.01.2010

Wir Soldaten sollten der Bischöfin Margot Käßmann dankbar sein. Es ist Aufgabe und Verantwortung der Kirchen, sich zu den Lebensfragen unserer Gesellschaft zu äußern. Welche ist wichtiger, als die nach Krieg und Frieden?

Deutschland schickt in jedem Jahr mehrere tausend Männer und Frauen nach Afghanistan, in den Krieg. Sie haben sich als Soldaten verpflichtet, der Bundesrepublik treu zu dienen. Sie werden nicht gefragt, ob sie nach Afghanistan wollen. Sie haben zu gehen.

Das ist nicht selbstverständlich, sondern die außerordentliche und einzigartige Konsequenz einer Berufsentscheidung. Diese ist nur verantwortbar im Vertrauen auf die Entscheidungsabläufe im strikten Rahmen unserer Verfassung und ihrer Werteordnung. Damit ist aber der Soldat nur formal das willenlose Instrument des Deutschen Bundestages und seiner wechselnden Interessen und Mehrheiten, auch seiner Fehler und Irrtümer. Ein Einsatz ihrer Soldaten in einem Krieg ist vielmehr die primäre Verantwortung der gesamten deutschen Gesellschaft.

Das stört Regierung und Parteien, die zum Afghanistaneinsatz in sich tief zerstritten, wenn nicht ratlos sind, wie unser Krieg dort zu einem erträglichen Ende gebracht werden kann. Sie drücken sich vor einer klaren Entscheidung. Seit Jahren wird dazu eine breite Diskussion in der Öffentlichkeit angemahnt. Sie ist überfällig. Die Ratsvorsitzende der Evangelischen Kirche, Frau Käßmann, fällt den Soldaten nicht in den Rücken, im Gegenteil, sie stellt sich schützend vor sie. Man muss nicht ihrer Meinung sein, aber für den Anstoß gebührt ihr Dank.

G. L. Hamburg

*

„Nichts ist gut in Afghanistan" traf natürlich besonders die Soldaten der Bundeswehr.

General a. D. Klaus Naumann, ehemaliger Generalinspekteur der Bundeswehr und ehemaliger Vorsitzender des NATO-Ausschusses antwortete der Bischöfin am 29.01.2010 in der Süddeutschen Zeitung (SZ). Er schrieb über seine Enttäuschung als Christ von seiner Kirche, von seinen Entscheidungskonflikten und der Last der Verantwortung als Soldat in höchster Stellung, von seiner enttäuschten Erwartung, dass die Kirche zumindest die Hoffnung ließe, eines Tages Vergebung zu erlangen. Die Bischöfin versage den Soldaten und ihren Familien Trost, habe ihnen nahezu den Boden unter den Füßen weggezogen und habe ohne Sachkenntnis ein hochmütiges und in jeder Hinsicht falsches Pauschalurteil abgegeben.

Die Einmischung des Generals bei prominenter Platzierung in der führenden, hoch angesehenen deutschen Tageszeitung war in meinen Augen ein Stilbruch. Seine Anklage in der SZ war belehrend, respektlos, ja arrogant. Da kanzelte ein pensionierter General die höchste Repräsentantin der Evangelischen Kirche Deutschlands ab wie ein dummes Schulmädchen. Den jahrelangen Hader so mancher Soldaten mit der liberalen, ja als stark links und pazifistisch empfundenen evangelischen Pastorenschaft kannte ich. Hier verschaffte er sich Luft.

Die Kirchen stehen von Natur aus im Gegensatz, in Spannung zur bewaffneten Macht. Während Streitkräfte ein Organ der staatlichen Macht sind und diese vollziehen, schauen die christlichen Kirchen zuallererst auf den einzelnen Menschen als das Geschöpf ihres barmherzigen und liebenden Gottes und auf seine Würde, die allen Menschen zusteht in Deutschland und Afghanistan. Aus ihrem Selbstverständnis sind sie Hüter der Menschlichkeit. Die Mahnung „Nichts ist gut in Afghanistan" ist in dieser Verantwortung konsequent und berechtigt.

Der General a. D. Klaus Naumann erträgt den Widerspruch der Kirche gegen die Afghanistaneinsätze der Bundeswehr nicht. Er fordert eine, den staatlichen Entscheidungen dienende Kirche. Sie soll die Soldaten in ihren Zweifeln über die Sinnhaftigkeit ihres Einsatzes beruhigen und ihnen Vergebung verheißen, wenn sie einer falschen Sache gedient haben. Das erinnert an die überwundenen Zeiten, in denen die Pfarrer die Kanonen segneten. Gewiss aber ist das nicht der Geist der neuen deutschen Streitkräfte im demokratischen Rechtsstaat und gewiss auch nicht das Bild des Staatsbürgers in Uniform. Der „kleine Bürger" mag unbekümmert seine Meinung sagen, der höchste Soldat muss sich messen lassen.

Ich nahm Stellung in einem Leserbrief an die SZ, den diese aber nicht abdruckte.

G. L. OTL a. D. Hamburg, 30. Januar 2010

„Forum" SZ

zu General a. D. Klaus Naumann Kritik der Neujahrspredigt Margot Käßmann SZ 29.01.2010

Gegenrede

Natürlich hätte die Bischöfin Margot Käßmann die Waffen segnen können, die in Afghanistan eingesetzt werden. Vielleicht wäre der General a. D. Klaus Naumann dann zufrieden gewesen und auf seine Kirche stolz. Sie hat es nicht getan, sondern sie hat Besinnung angemahnt im Namen ihres Herrn Jesus Christus und in Sorge um alle Menschen, die in Afghanistan vom Krieg geschunden sind, auch, aber nicht nur, für die deutschen Soldaten. Und das ist ihres Amtes und das ist gut so.

Der General sieht die Evangelische Kirche Deutschland offenbar als eine quasi staatliche Einrichtung, die die Entscheidungen von Regierung, Bundestag und militärischer Führung zustimmend zu akzeptieren und die Moral der Truppe im Krieg zu festigen hat. Tut sie das nicht, dann müssen der Ratsvorsitzenden die Leviten gelesen werden in einer gehörigen Standpauke.

Es wäre interessant, die Parteinahme des Generals zu Beginn des elenden Irakkrieges nachzulesen. Hätte die EKD bei einem denkbaren Einsatz deutscher Soldaten auch diesen segnend begleiten sollen?

Man muss den Brief auf Seite 2 der SZ vom 29.1.2010 sorgfältig Satz für Satz lesen. Welche selbstgefällige Überheblichkeit, aber auch wie viel Selbstmitleid an den eigenen Fehlern. Und das noch in der Öffentlichkeit ausgebreitet in der Pose des Rächers aller evangelischen deutschen Soldaten.

Die Selbstbezichtigung des Generals, die Schilderung des Ringens um richtige Entscheidungen, die quälenden Fragen nach der eigenen Schuld, zeigen doch nur, wie sehr Entscheidungen von politischer und militärischer Führung über Leben und Tod von Anvertrauten dem

Irrtum, dem falschen Entschluss ausgesetzt sind und wie sehr Besinnung, Innehalten, ggf. Korrektur auf der Strecke notwendig sind. Wer sollte sie eher anmahnen, als die Kirche?

Die meisten Bürger unseres Landes sehen heute keinen Sinn mehr im deutschen militärischen Einsatz in Afghanistan und wollen ihre Soldaten zurück nach Hause haben. Nato-Partner wie Holland und Kanada haben das längst beschlossen. Da ist es schon ein besonderes Maß an Realitätsverlust oder Arroganz, wenn der General sich im Namen aller Soldaten und ihrer Familienangehörigen über die mahnenden Worte der Bischöfin empört.

Wer Margot Käßmann auch nur einen Augenblick zuhört, verspürt, dass sie in ihrer bewegenden Menschlichkeit niemandem, keinem einfachen Soldaten und keinem General a. D. die Gnade und Vergebung ihres Gottes absprechen würde. Aber darum geht es Klaus Naumann auch gar nicht. Ihm passt die Richtung der evangelischen Kirche schon lange nicht und da kommt ihm die bewegende Silvesterpredigt der Ratsvorsitzenden gerade recht.

„Nichts ist gut in Afghanistan." Wie wenig gut ist in Afghanistan trotz allem bewundernswerten Einsatz vieler Tausend auch deutscher Soldaten und ziviler Helfer, trotz aller beklagenswerten Opfer, trotz Unmengen Geldes auch deutscher Steuerzahler, das sieht doch jeder, der nur hinschauen will. „... Waffen schaffen offensichtlich auch keinen Frieden in Afghanistan" und „Wir brauchen mehr Phantasie für den Frieden, für ganz andere Formen, Konflikte zu bewältigen." Auch wenn der General das Worthülsen nennt, was ist nach acht Jahren Afghanistankrieg daran oberflächlich und falsch in der Predigt der Ratsvorsitzenden Bischöfin?

Die Theologin Margot Käßmann hat die überfällige breite Diskussion um den internationalen Afghanistaneinsatz ein Stück vorangebracht. Sie ist den Menschen, auch den Soldaten, nicht in den Rücken gefallen, sondern sie hat sich vor sie gestellt. Der Bischöfin sei Dank.

*

Die Ratsvorsitzende Bischöfin Margot Käßmann trat im Februar 2010 nach einer Autofahrt unter Alkoholeinfluss von ihren Ämtern zurück.

Hamburg, 25. Februar 2010

„Nichts ist gut in Afghanistan" ein Brief nach dem Rücktritt

Lieber Hubert.

Nun können die Stammtische ihre Häme über die betrunkene Margot Käßmann genießen. Selbstbewusst, offensiv, hoher moralischer Anspruch, Frau. – Die Trunkenheitsfahrt ist unverzeihlich, sie musste zurücktreten, sie tat es.

Es ist fast müßig, uns selbst, die wir auch in Ämtern waren, aufzufordern zu prüfen, wann wir uns ans Steuer gesetzt haben, obwohl wir es nicht hätten tun sollen. Die Ämter, die Frau Käßmann innehatte, hatten wohl einen höheren Anspruch. Sie hat ohne Zögern die Konsequenzen gezogen.

Die Bischöfin Margot Käßmann hat sich nicht als Politikerin, auch nicht als Offizier zu Afghanistan geäußert. Sie sprach als Theologin, in ihrer Verantwortung vor ihrem Herrn Jesus Christus. Die Kirche, der sie vorstand sagt: „Krieg soll um Gottes Willen nicht sein." Sie sieht die Geschundenen, die Waisen und die Verkrüppelten, und die haben ihr ganzes Mitleid. Und das ist ihres Amtes und das ist gut so. Für Diplomatie und Waffen sind andere zuständig.

Was wird belanglos an ihren Äußerungen zu Afghanistan durch ihre Trunkenheitsfahrt? „Nichts ist gut in Afghanistan. … Waffen schaffen offensichtlich keinen Frieden in Afghanistan. … Mehr Fantasie für den Frieden, für ganz andere Formen, Konflikte zu bewältigen. …"

Holland zieht seine Soldaten zurück. Der deutsche Souverän, die Bevölkerung, will mehrheitlich den Einsatz beenden. Auch in den anderen truppenstellenden Staaten des Westens, einschließlich den

USA, erkennen die meisten Menschen den Sinn des Einsatzes nicht mehr. Nach 9/11 mussten die Amerikaner Rache nehmen und die Camps der Terroristen in Afghanistan vernichten. Und wir waren an ihrer Seite. Einverstanden. 90 oder 95 % aller Mittel gingen seitdem in den militärischen Einsatz. Der Rest in den zivilen Aufbau. Was sollte das bringen? Dem Land die Demokratie und den Frauen die Freiheit. Heute spricht davon kaum noch jemand. Wie kommen wir mit einigermaßen heiler Haut da raus, mit ramponiertem Ansehen sowieso. Das ist die Sorge unserer Regierung und die der amerikanischen wohl auch.

Was ist falsch an der Predigt der Theologin Margot Käßmann? Spätestens nach dem Irakkrieg sind viele Menschen hellwach und tief misstrauisch. Da sind wir schändlich belogen worden. Unter dem Deckmantel dieser Lügen sind Zehntausende getötet und Millionen vertrieben worden, die Infrastruktur des Landes zerbombt, die Museen ausgeraubt und der Iran zur führenden Macht im Nahen Osten befördert und ihm der Weg zur Atombombe geebnet. Diese Lügen, die Schande von Abu Ghuraib, Blackwater, die Privatisierung des Krieges haben sich tief eingeprägt und auch bei uns das Vertrauen jener kritischen Masse, jener positiven, aktiven, diesen Staat bejahenden Meinungsmacher, in die Glaubwürdigkeit der politischen Klasse tief erschüttert.

Margot Käßmann hat die Sorgen und Ängste sehr vieler Menschen aufgenommen. Sie hat sich aus ihrer Verantwortung als Bischöfin, Seelsorgerin und Frau zu ihrer Fürsprecherin gemacht. Sie hat Millionen Menschen erreicht, die sich verstanden fühlten, hat ihnen aus der Seele gesprochen. Wahrscheinlich hat sie der Druck der selbstgesetzten Mission, der Erwartungen an sie, der harte politische Alltag einer Ratsvorsitzenden überfordert. Dann wäre sie für das Amt ungeeignet und damit will ich an den 1,54 % nicht vorbeisehen.

Dennoch: Der deutsche Protestantismus und damit ganz Deutschland hat eine kluge, mutige und authentische Stimme verloren.

Herzlich G.

*

Hamburg, 4. April 2010

Liebe Freunde.

Wie die meisten von Euch verfolge auch ich gespannt und bewegt den Bundeswehreinsatz in Afghanistan und sammle Informationen aus unterschiedlichen Quellen.

Vor 14 Tagen stieß ich auf ein aktuelles Buch von Marc Lindemann: „Unter Beschuss – warum Deutschland in Afghanistan scheitert“. Ich kannte L. nicht, las mich in der Buchhandlung dann aber fest. L. hat Politikwissenschaften studiert, ist Hptm. d. Res. und war 2005 und 2009 jeweils fünf Monate in Afghanistan.

Mich hat das Buch sehr gefesselt. L. spricht unsere Sprache, hat das Herz bei den Soldaten, nennt Fakten und argumentiert weitgehend überzeugend. Er plädiert für den weiteren Einsatz. Ein desillusionierender Bericht aus der Einsatzebene mit Blick über den Tellerrand.

Herzliche Grüße G.

*

Rosa war in den frühen Jahren der Bundeswehr, also in den 60er und 70er Jahren die Küchenfrau im Offizierscasino des Gebirgspionierbataillons 8 in Degerndorf am Inn. Die meisten jungen Offiziere waren unverheiratet und wohnten im Casino. Rosa nannte sie „meine Buam" und betreute sie mütterlich.

Hamburg, 6. Mai 2010

Liebe Rosa.

Ich gratuliere sehr herzlich zum großen Geburtstag.

Ich wünsche Ihnen, dass Sie die 100 in leidlicher Gesundheit und Freude am Leben erreichen.

Nach so langen Jahren hat man die meisten Menschen, die einem begegneten, nur noch vage in Erinnerung oder ganz vergessen. Sie, liebe Rosa, stehen in meiner Erinnerung auch heute noch fast leibhaftig vor mir: Das volle Leben, mütterlich, herzlich und zugewandt, immer ein gutes Wort und was Leckeres auf dem Teller, selten streng (das konnten Sie auch sein, wenn Ihnen etwas gar nicht passte), eben der gute Geist, der das Casino auch für mich zu einem Stück Zuhause machte.

So ist die Erinnerung voller Dankbarkeit und gute Wünsche zunächst bis 100.

Herzlich
Ihr Gustav

*

Der Freiherr Karl-Theodor zu Guttenberg wurde mit 38 Jahren Bundesminister der Verteidigung. Sohn des Schlossherrn, Klavierspieler, ohne Selbstzweifel und von nonchalantem Tatendrang. Sein Ruf: „Ein Bier!!" brachte bayrische Bierzelte in Ekstase und bald klang allenthalben im bayrischen Land: „Karl-Theodor Ministerpräsident!" und „Der kann auch Kanzler!" Als Minister feuerte er schnell den Generalinspekteur, einen Staatssekretär und empfahl dem Parlament, die Wehrpflicht außer Kraft zu setzen und acht Mrd. Euro aus dem Verteidigungshaushalt einzusparen.

Der Freiherr stürzte über seine Doktorarbeit voller Plagiate, blamierte seinen gutgläubigen Doktorvater und jammerte um Mitleid als überforderter Familienvater und Minister. – Ich schickte die Glosse an die SZ, die sie nicht veröffentlichte.

im März 2011

Karl-Theodor
Liebling der Götter

Retter des Vaterlandes

Hell klingt die Fanfare vom Turm. Die Standarte knarrt im sanften Wind. Auf dem Schlossplatz reicht die junge Gräfin dem schönen Gemahl den ersten Trunk. Die vornehme Jagdgesellschaft applaudiert lange, der listige König Horst reckt die Faust zum schallenden „Hurra!!" und Ritter Markus prüft Waffe und Munition. Als der Graf den Humpen ansetzt, kennt des Volkes Jubel keine Grenzen.

Wohlgefällig ruht des Grafen Auge auf der reichen Strecke, dabei so manches Wild von eigener Hand getroffen: zwei starke Keiler, kaum im Amt, schnell erlegt, ein General und ein Staatssekretär, beide dankbar des Grafen Irrtum bei Kundus als den ihren übernehmen zu dürfen. Zahlreich die Böcke dann: „Die Wehrpflicht bleibt!" der erste, „Die Wehrpflicht geht!" der nächste, „Der Kapitän bleibt!" der dritte, „Der Kapitän geht!" der vierte, „Die Reform steht!" der fünfte, „Mein Haus ist gut bestellt!" der sechste.

Die Abendsonne neigt sich gülden. Auf dem warmen Rappen überkommt den Grafen die Erinnerung an die schönen Tage in den fernen Bergen, zwischen der Kämpfer endloser Zahl, den Warlords und Präsidenten, fernab vom Schreibtisch und den Mühen des Alltags, die schönen Tage am Hindukusch.

Der Jäger Hörnerschall holt ihn zurück ins Frankenland. „Hirsch tot!“ sein stärkstes Stück, ein majestätisches Tier, 30 Enden das Geweih, nie schoss ein Guttenberg zuvor solch prächtige Beute. Eine ganze Universität, die Bibliothek voll Eichenbruch, lag ihm zu Füßen. Sieben Jahre hatte er darauf gejagt, tausend Fußangeln gelegt, mit fremden Waffen oft geschossen, seinen eigenen Waffenmeister selbst erlegt, ohne es zu bemerken.

Danach noch ein paar Hasen und bunt schillernde Fasanen, Kleinzeug für die Herolde, die willig sein „Bild“ im Lande aufstellen, damit ein jeder den Hut ziehe. Viel Jubel allenthalben.

Ihn überkommt ein schwindelndes Gefühl: „Große Taten warten auf mich!“

Schnell verscheucht der Traum der letzten Nacht, als im Fackelschein Trommler und Pfeifer ihn drängten und eine Stimme ihm rief: „Helm ab zum Gebet, Karl-Theodor!“ und die Mächtigen des Landes, gerade noch voller Hosianna, wandten sich ab mit Grausen.

Die Sonne sinkt, die Standarte knarrt, verweht der Hörner Klang.

G. L. an Forum SZ

„Stroh zu Gold“

Hamburg, 14. Mai 2011

Süddeutsche Zeitung
forum@sueddeutsche.de
Leserbrief zu
SZ vom 12.05.2011: Angenommen, man glaubt Guttenberg

„Stroh zu Gold“. Heribert Prantl fokussiert das Phänomen Guttenberg in drei Wörtern. (SZ 07./08.05.) Und das Wahlvolk lag dem Hochstapler zu Füßen. Atemberaubend. Dagegen ist Horst Seehofers anhaltende, scheinheilige Solidarität mit „unserem Karl-Theodor“ ein kleines Licht.

Wer rehabilitiert eigentlich den vom Hof gejagten Generalinspekteur Schneiderhan? Erinnert man sich noch an den Großen Zapfenstreich, den die Kanzlerin der Bundeswehr für den gefallenen Engel Guttenberg auferlegt hatte? Ob der neue Generalinspekteur wenigstens die Faust in der Tasche geballt hatte bei dieser Schmach für die Streitkräfte? Guttenberg hatte gerade das Parlament belogen und musste u. a. deswegen zurücktreten. Die Kanzlerin dankte ihm im Fackelschein. Wofür? Und dann rollte aus der Dunkelheit die Kolonne der schweren Staatskarossen an, die hohen Staatsdiener aufzunehmen. Gespenstig. Nur der Bundestagspräsident war ferngeblieben.

*

München, 23. Dezember 2011

Trauerfeier für Karl

ein Erinnerungstag

Ich hatte ihm ein halbes Glas Weißbier über ein altes Buch gegossen. Er liebte Bücher, ließ sich seinen Verdruss aber nicht anmerken. Das Buch, vergilbt, in gelbbraunem Einband, Titel, Verfasser, Verlag in verschnörkelter alter Schrift, lag zwischen uns auf der blank gescheuerten Tischplatte im „Weißen Brauhaus“ im Tal in München.

Wir hatten uns zufällig auf dem Marienplatz getroffen, seit wohl zehn Jahren nicht gesehen, sofort erkannt und schnell beschlossen, auf ein Bier ins Weiße Brauhaus zu gehen.

Natürlich gab es viel zu erzählen und zu fragen. Wir hatten vor fünfzig Jahren als junge Offiziere einige Jahre gemeinsam Dienst getan in Degerndorf am Inn, am Fuß des Wendelsteins. Wir Leutnante damals, ein gutes Dutzend, waren alle unverheiratet. Die meisten wohnten im weiträumigen Offiziersheim, außerhalb der Kaserne, mütterlich versorgt durch die Küchenfrauen, wuchsen gemeinsam durch die ersten Offiziersdienstgrade bis zum Hauptmann und Kompaniechef, begegneten uns täglich im Dienst, beim Essen oder Unternehmungen in der Freizeit. Eine vertraute Gemeinschaft. Karl gehörte dazu.

Er war dann mein Nachfolger als Chef der Gebirgspanzerpionierkompanie 220 geworden. Die Soldaten liebten ihn, „unser Kare“ würde später ein Stabsfeldwebel a. D. in die Chronik schreiben. Dann hatten sich unsere Wege getrennt. Ich ging nach Sonthofen, dann nach Bremen, Hamburg, Plön, zurück nach Hamburg und schließlich nach Bad Segeberg. Am Rande von Hamburg hatten wir ein Haus gekauft, der Familie eine festen Platz. Karl's Weg kenne ich nur halbwegs, aber Bonn, Mainz, Straußberg und zuletzt die Pionierschule in München gehören zu den Stationen. Karl war General geworden, wir beide inzwischen pensioniert.

Er wohnte nun mit seiner Familie in Nußdorf, auf der andern Innseite, Degerndorf gegenüber. In Rosenheim seien ihm die Wohnungen zu teuer. Er brauche Platz für seine Bücher, und in Nußdorf habe er ein Haus gefunden mit reichlich Platz auch für die eigene Bibliothek.

Karl war ein Liebhaber der Bücher und des Lebens, so wie er es sich einrichtete. Aufgewachsen in einem bürgerlichen Haus in Rosenheim gehörten Kultur und Bildung offenbar zu ihm von Kindheit an. Warum war er Offizier geworden? Unser Verhältnis war nie so eng, dass wir uns darüber unterhalten hätten. Aber mir ist in allen Berufsjahren und allen Begegnungen zwischen Truppe und Akademien kein Offizier begegnet, der so belesen in allen Fragen der Literatur war wie er. Mit Leidenschaft war er im Gespräch, wenn es um seine Themen ging. Karl war sonst ein Mann der leisen Töne, hatte aber den bedeckten Schalk stets im Gesicht. War es die Zufriedenheit mit sich selbst oder einfach ein Ausdruck seiner reichen Gedankenwelt, in der er sich wohl nie langweilte?

Karl liebte den Weg des rationellen Aufwandes. Intelligent, konzentriert, seine Ziele stets im Auge. Dabei fast unauffällig auf dem Weg. Erinnere ich mich richtig, er hatte nie Nebenämter. Sportoffizier, Casinooffizier, Fähnrichsoffizier, Presseoffizier. Keine außergewöhnlichen Unternehmungen mit seinen Kompanien, keine ausgefallenen Ideen und Auftritte. Unnötiger Aufwand. Aber die Kernaufgaben sorgfältig. Keine Impulse, aber alle Papiere in Ordnung. Gute Beziehungen zu den wichtigen Persönlichkeiten im Umfeld, zu denen, die Weichen stellen konnten. Zielstrebig auf die Positionen hin, die er erreichen musste für den nächsten großen Schritt. Ich habe ihn nie unkameradschaftlich erlebt, aber auch nie im Getümmel.

Nach der Pensionierung bewarb er sich in einer kleinen Buchhandlung in Schwabing um eine Stelle als Buchhändler. Dort hatte er wohl vorher seine Bücher gekauft. „Ich wollte mir einfach beweisen, dass ich das kann.“, meinte er, als wir im Weißen Brauhaus saßen. Man sei zunächst sehr zurückhaltend gewesen. Keine Ausbildung und ein ehemaliger General. Er habe vorgeschlagen, statt eines Gehaltes Bücher zu bekommen. Er sei auf Probe eingestellt worden und man habe ihm dann die Stelle gegeben. War es hier, wo ich das Glas umstieß? Ich war natürlich erschrocken und bekümmert. Karl behielt die Fassung und lud mich nach Nußdorf ein. Das war vor fünf Jahren. Zu einem Besuch kam es nicht.

Heute haben wir in einer Trauerfeier seiner gedacht. Günter rief mich gestern an: „Kare ist gestorben. Morgen findet in der Evangelischen Kirche in Brannenburg eine Trauerfeier statt.“ Ich wusste, dass er seit zwei Jahren an einer ungewöhnlichen Krankheit litt. Ein Tod trifft dennoch meist überraschend. Erika meinte abends: „Willst Du morgen nach Degerndorf fahren?“ Wir machten gerade Urlaub in München und nach Degerndorf war es gerade eine Stunde mit der Bahn. Wir haben in Degerndorf vor 48 Jahren geheiratet, dort sind unsere Kinder geboren, dort habe ich fast zehn Jahre als Zugführer, Personaloffizier und Kompaniechef gearbeitet. Nicht immer leichte Jahre, aber prall voll mit Arbeit, mit meiner jungen Familie und den Sorgen mit meiner Mutter. Prägende Jahre, tiefe Eindrücke. „Willst Du nicht doch morgen fahren? Es werden viele kommen, die Du kennst.“

Ich fuhr, Erika blieb in München. Dirk war für wenige Tage aus Hamburg gekommen, es war der 23. Dezember, für Weihnachten war noch vieles vorzubereiten. Zudem waren wir am 21. noch in Degerndorf gewesen. Wir hatten Frau Zettel besucht, die damals unsere eineinhalbjährige Tochter als Ersatzenkelkind ins Herz geschlossen hatte.

Das damalige Degerndorf ist inzwischen nach Brannenburg eingemeindet und trägt den neuen Namen. Ich kam gegen 11 Uhr sehr rechtzeitig an, die Trauerfeier begann um 13 Uhr. Ein kühler, nasser Wintertag. Bei allen Veränderungen vertraute Wege. Zunächst zur Evangelischen Kirche. Ein Blick hinein, Erkundung des Gemeindehauses, ein kleines Gespräch mit der Gemeindesekretärin.

Als wir vor 48 Jahren in der nahen katholischen Kirche heirateten, ich katholisch, Erika evangelisch, zogen auch zwei weinende Mütter mit in die Kirche ein. Die eine, evangelische Pfarrerstochter, war überzeugt, dass ihre Tochter den falschen Mann heiratete, die andere glaubte, ihren Sohn an eine andere Frau zu verlieren. Erika musste dem uns trauenden Pfarrer schriftlich versprechen, ihre Kinder katholisch zu erziehen und gab der Erpressung nach aus Liebe zu mir. Ich habe das meiner damaligen Kirche nie verziehen. Später, als unsere Kinder religionsmündig wurden, traten sie sofort über. Ich tat es als Vierzigjähriger. Inzwischen ist vieles einfacher, menschlicher geworden.

Ich hatte noch eine halbe Stunde Zeit für eine kleine Runde durch den Ort. Rechts der Schwarzenberg, vor mir der Aufstieg zum Wendelstein. Davor leuchtete oben am Hang das weiße Kirchlein von St. Margarethen über das Tal zum Inn. Dort haben wir unseren ersten Kommandeur beerdigt, den hochgeachteten Oberstleutnant Georg Meyer. Dort oben, an seinem Grab stehend, habe ich viele Male über das weite Inntal geschaut, das Halbrund der Berge, im Tal das leuchtende Band des Inn, die Ortschaften Neubeuern, Nußdorf, Flintsbach, Degerndorf/Brannenburg, der Biber mit der Wallfahrtskirche, die Karfreitkaserne, der Breitenberg mit Petersberg und gegenüber, jenseits des Inn, Heuberg und Kranzhorn. Tausend Erinnerungen.

Noch ein Stück Bachweg, hier haben wir unsere Tochter so oft in der Kinderkarre geschoben, einander erzählt vom Tag und dem Geplapper des Kindes voll Freude zugehört.

Herzliche Begrüßung in der Kirche durch die Witwe. Sie freute sich: „Dass Sie gekommen sind!" Wir hatten uns sehr lange nicht gesehen. Ich hatte sie zunächst nicht erkannt. Sohn, Tochter, Enkelin. Die Kirche füllte sich langsam, nicht übermäßig. Traueranzeigen waren wohl nicht verschickt, eine Anzeige in der örtlichen Zeitung. Die Beerdigung sollte später im engsten Familienkreis stattfinden. Heute nur eine Trauerfeier. Kein Sarg, kaum Schmuck. Ein Bild von Karl vorne am Altar. Begrüßung durch einen Pastor, zwei Lieder, eine unpersönliche Predigt, einige wenige Sätze über den Toten, Lebensdaten, Persönlichkeit. Karl war eigentlich nur im Foto präsent, in Uniform. Ein gutes Foto. Die Familie lud anschließend ein ins Café Wendelstein.

Die ersten Begrüßungen waren schon vor der Kirche: Mein erster Kompaniechef, der vor 53 Jahren meine ersten Schritte als Zugführer mit Festigkeit und Großmut begleitet hatte. Mein erster Kompaniefeldwebel, heute über 90, ein Fels in der Kompanie, damals auch ehrenamtlicher Bürgermeister in seinem Dorf. Günter und seine Frau Brigitte, mit denen ich über die Zeit Verbindung gehalten habe. Andere kamen freundlich auf mich zu, an deren Namen ich mich nicht mehr erinnerte.

In der Kirche dann Bernd, der Rosa, unsere Küchenfrau aus Leutnantstagen, fürsorglich an ihrem Rollwagen begleitete. Manfred, mit dem wir in jungen Ehejahren viele gemeinsame Stunden erlebt haben. Später im Café Antje, die Tochter unseres ersten Kommandeurs. Sie ist in ihrer Berufszeit eine erfolgreiche Künstlerin gewesen. Ihre grafischen Wandbilder schmücken so manches öffentliche Gebäude in Oberbayern. Auch eine gemeinsame Woche auf einem Reiterhof vor 55 Jahren verbindet uns.

Ich unterhielt mich im Café dann gut mit Brigitte und Günter, ein kleines freundliches Gespräch mit Karls Frau und noch eine kleine Runde. Um 15:11 Uhr fuhr mein Zug vom Bahnhof Brannenburg ab. Eine Stunde später war ich in München zurück, herzlich empfangen von meiner Frau: „Wie war's? Wen hast Du getroffen? ...“

Ein Erinnerungstag zwischen damals und heute, zwischen Beginn und Abschied.

Schon als Leutnant war ich im Januar 1959 dem neu gegründeten „Deutschen Bundeswehrverband" beigetreten. Gerade vier Jahre vorher waren die ersten Soldaten der neuen deutschen Streitkräfte vereidigt. Die Bundeswehr suchte mit heftigen Ausschlägen ihren Weg aus der Wehrmacht des 3. Reiches in den neuen demokratischen Rechtsstaat. Damals hielten wenige Soldaten eine organisierte Berufsvertretung für notwendig, die meisten wiesen die Zugehörigkeit zu einer „Gewerkschaft" empört als unpassend zurück. Der damalige Major Graf von Baudissin war richtungsweisend schon vorher in die ÖTV eingetreten, von Unverständnis und viel Spott seiner Kameraden begleitet. Der dann gegründete Bundeswehrverband entwickelte sich zu einer kraftvollen und notwendigen Vertretung der Anliegen der Bundeswehrangehörigen gegenüber dem Parlament und den Kräften von Wirtschaft und Gesellschaft.

G. L./Oberstleutnant a. D. Hamburg, 11. Februar 2012

Lieber Herr Berke!

Ich habe selten teilgenommen an den Veranstaltungen unserer Kameradschaft. Das hat auch mit dem Weg von Hamburg nach Bad Segeberg zu tun, auch damit, dass nach meiner Pensionierung vor inzwischen 18 Jahren die Bundeswehr etwas in den Hintergrund getreten ist und neue Wege und Felder zu erschließen waren.

Nach anfänglichen Schwierigkeiten, mit der Umstellung zurecht zu kommen, ist es dann eine gute Zeit geworden und ich genieße jeden Tag, in einem geordneten Rechtsstaat zu leben, der uns Pensionären, so wir selbst und unsere Frauen noch bei leidlicher Gesundheit sind, 1.000 Möglichkeiten für neue Entfaltung bietet.

Dennoch: Wir alten Soldaten bleiben wohl bis zu unserem Lebensende im Herzen Soldat, erfüllt von unseren Erinnerungen und geprägt in Haltung und Denken. Und das ist auch gut so.

Ich bin, wie Sie wissen, sehr früh dem Bundeswehrverband beigetreten. Aus der Überzeugung, dass wir in der neuen Zeit eine Berufsvertretung brauchen. Der Verband hat in den Jahrzehnten Großartiges geleistet und immer wieder standen starke Persönlichkeiten an seiner Spitze.

Der Bundesvorstand wäre nichts, wenn er nicht seine Kameradschaften an der Basis hätte. Sie, lieber Herr Berke, haben die Bad Segeberger lange Jahre geführt, sie in Ihrer noblen und zuverlässigen Art bewegt und zusammengehalten. Dafür möchte auch ich mich sehr herzlich bedanken. Eine Gratulation erlaube ich mir zur Wahl Ihres Nachfolgers. Ich kenne Herrn Gamm aus langer Zusammenarbeit.

Ich bedauere sehr, am 22. nicht dabei sein zu können. Ich baue an dem Abend mit Freunden in Eppendorf eine Fotoausstellung auf, auf die ich seit sechs Monaten hinarbeite. Natürlich wünsche ich Ihnen alles Gute. Wenn ich das richtig gelesen habe, bleiben Sie im Vorstand. Auch dafür vielen Dank.

Mit herzlichen Grüßen Ihr G. L.

*

„Die Bundeswehr" ist das Magazin des Deutschen BundeswehrVerbandes.

Ein Beruf wie jeder andere? Hamburg, 9. März 2012

ein Leserbrief

zu: Die Bundeswehr 3/12: „... Soldaten im Stich gelassen."

Der Vorsitzende unseres Verbandes trifft wieder einmal den Kern des Problems. Bereitschaft zum Handeln in die Gefahr hinein und zum Einsatz von Leben und Gesundheit auf der einen, Stolz auf den ehrenhaften Auftrag und die eigene Leistung, kameradschaftlicher Zusammenhalt und festes Vertrauen auf die Fürsorge des Dienstherren auf der anderen Seite kennzeichnen den Soldatenberuf in einem freiheitlichen Rechtsstaat.

So ist er kein Beruf wie jeder andere, sondern ein besonderer, unverwechselbarer. Er lebt nicht vom Gehalt allein, lässt sich nicht auf „normal" rationalisieren, sondern bedarf zusätzlich emotionaler Kräfte.

Natürlich ist er ein Leistungsberuf, natürlich müssen seine Verbände und Stäbe straff organisiert sein, natürlich ist strenge Auswahl erforderlich. Wo könnte das notwendiger sein als dort, wo es um Leben und Gesundheit anvertrauter Menschen geht. Aber das erschafft die Streitkräfte nur rational. Der andere Teil ist „die Seele", wie Oberst Kirsch das nennt, die emotionale Kraft. Wer das Besondere des Soldatenberufes nicht begreift, wird nie die Armee bekommen, die wir brauchen, wenn er denn überhaupt auf Dauer eine bekommt.

Dank an den Vorsitzenden für seine klaren Worte. Möge er sich sein Selbstbewusstsein und seine Unabhängigkeit von niemandem nehmen lassen.

G. L.

*

Herr Böttcher war Schmiedemeister und Leiter des Bauhofs im Pionierbataillon 6 in Plön. Er hatte das Vertrauen seiner Kollegen und war Sprecher des Personalrats. Er war ein grundsolider warmherziger und aufrechter Mann. Zum Abschied schenkte er mir einen großen handgeschmiedeten Leuchter. Hätte ich das Geschenk zurückweisen müssen? Es hängt seitdem in unserem Wohnzimmer und führt unsere Gedanken nicht selten zurück.

Lieber Herr Böttcher. 24. Oktober 2012

Gedenken

Wir schauen auf Ihren Sarg
und denken an das gemeinsame Leben.
Ich kenne Ihre Familie nicht,
aber, wenn Sie Kinder hatten,
dann waren Sie ein treusorgender, gerechter
Ehemann und Vater.
Wenn Sie Enkelkinder hatten,
dann waren Sie ein gütiger Großvater.

In Ihrem Beruf als Schlosser
waren Sie Meister,

und das heißt viel
in unserem Land.
Als Leiter des Bauhofes
waren Sie ein respektierter Chef und Kollege,
als Vorsitzender des Personalrates
waren Sie für unsere zivilen Mitarbeiter
ein verständnisvoller und kluger Fürsprecher.
Mir als Kommandeur in der Fünf-Seen-Kaserne
waren Sie ein wichtiger Partner.
Lebenserfahrung, Geduld, Gerechtigkeit
und der Blick für das Ganze und das Mögliche
zeichneten Sie aus.
Sie werden auch mir sehr fehlen.

Möge Ihre Angehörigen
in ihrer Trauer
auch die Dankbarkeit trösten,
dass Sie, lieber Herr Böttcher,
ihr Ehemann, Vater und Großvater waren.

„.loyal Das Magazin für Sicherheitspolitik", zugleich das Presseorgan des Reservistenverbandes, nimmt sich zum wiederholten Mal des Konfliktes „Kampfmoral und demokratisches Werteverständnis" im Krieg an. Dabei geht es besonders um die Eignung der Inneren Führung für den Einsatz in Krise und Krieg. Ein Dauerthema von hoher Bedeutung.

Beitrag zu .loyal 03/2013: Hamburg, 4. März 2013

„Am scharfen Ende des Berufes –

Der Soldat zwischen Kampfmoral und demokratischem Werteverständnis"

Professionalität ist der Job des Soldaten.

Der „Krieger" hat in der deutschen Zivilgesellschaft keinen Platz.

Die Veränderung von der Bundeswehr im Frieden zu den deutschen Streitkräften im Kriegseinsatz ist außerordentlich. Der Wandel von der Wehrpflichtarmee zur Berufsarmee hat tiefgreifende Folgen. Der Werte- und Verhaltenskodex der friedensgeprägten Erziehung stößt im Krieg, ganz besonders im asymmetrischen Kampf, schnell an seine Grenzen. Die Sinnfrage „warum und wofür" wird in diesen Einsätzen fern von zu Hause drängend gestellt.

Dies alles ist naheliegend, logisch und zwangsläufig. Die Soldaten im Einsatz erleben diese Veränderungen. Kampf, Tod und Verwundung begleiten sie, oft das ganze Leben danach. Die zu Hause leben ihr Leben in ihrer geordneten Welt ungestört, die da Draußen „sind ja freiwillig hinausgegangen". Sie hätten ja zu Hause bleiben können.

„.loyal" macht den Konflikt zum Thema. Offen, deutlich, bewegend. Als ehemaliger Bataillonskommandeur im Frieden verfüge ich nur über einen geringen Erfahrungsteil der heutigen Soldaten und Kommandeure im Einsatz. Dennoch will ich mich an der Suche nach dem lagegerechten Weg beteiligen.

Nichts geändert hat sich daran, dass die Bundesrepublik Deutschland ein demokratischer Rechtsstaat ist, dessen Verfassung und Gesetze grundsätzlich für alle Bürger, ob in Zivil oder in Uniform, gelten. Dazu gehört, dass die Grundrechte unveränderbar sind und Maxime allen staatlichen Handelns.

Als mitteleuropäische Zentralmacht mit lebensnotwendigen globalen Verbindungen und Bindungen wie NATO, EU und UN steht Deutschland in der Konkurrenz zu den gemeinschaftlichen, aber auch zu den egoistischen Interessen anderer Staaten und muss seine eigenen Interessen vertreten und durchsetzen.

Müssen Konflikte auch militärisch ausgetragen werden, hat letztlich nur der Gewicht, der Soldaten einsetzt. Blut ist unbezahlbar. Danach werden Leitungs-, Kommandostellen und Einfluss verteilt.

Zur Analyse aktueller Probleme und an wichtigen Wegmarken ist es notwendig, sich seiner Grundlagen und der Fakten zu vergewissern. Dies Thema um Leben, Gesundheit und Tod unserer Soldaten mobilisiert Emotionen. Für Grundentscheidungen ist Nüchternheit erforderlich, Klarheit und schließlich Identifikation aus Überzeugung, sonst wäre keinem militärischen Führer ein Einsatzbefehl zuzumuten.

Der spätere Generalleutnant Graf von Baudissin nannte schon in den Aufbaujahren der Bundeswehr, also um 1960, den Offiziersberuf einen eminent politischen Beruf. Grundsätzlich lässt sich das auf alle Soldaten übertragen. Baudissin meint damit den Soldaten, der aus Überzeugung den demokratischen Rechtsstaat vertritt und aktiv an einer dementsprechenden Politik als Bürger in Uniform mitwirkt.

Andere Koordinaten sind auf absehbare Zeit in dieser so verfassten Republik nicht durchsetzbar und meines Erachtens auch aus der Sicht des Soldaten nicht wünschenswert.

„Innere Führung“ ist mehr als zeitgemäße Menschenführung in den Streitkräften. Sie definiert weit darüber hinaus die Rechte und Pflichten des Soldaten in seiner Qualität als Bürger und den Anspruch des Staates auf seinen Einsatz. „Innere Führung“ untergräbt nicht Befehl und Gehorsam und nicht den Einsatz auf Leben und Tod. Sie ist zwar entwickelt für eine Armee in der Demokratie nach einer mörderischen Diktatur, aber sie wurde nicht konzipiert in einer Zeit des großen Friedens, sondern im Angesicht einer großen Bedrohung des geteilten Europas durch eine aggressive Sowjetunion und unter der potentiellen Möglichkeit eines Atomkrieges. Beides war nicht so fern, wie es vielen, auch Soldaten, heute scheint, sondern gehörte zur Realität langjähriger Bedrohung Westeuropas. Baudissin schrieb damals, die Härte dieser möglichen Kriege würde alles bisher Dagewesene übersteigen.

Das Dilemma ist nicht die „Innere Führung", sondern der Mensch in der Überforderung durch den Krieg. Ich glaube nicht, dass das Konzept der „Inneren Führung" Härte und Gehorsam im Kampf im Wege steht. Aber ich glaube, dass Macht oft missbraucht wird. „Innere Führung" soll den Soldaten bewahren vor würdeloser Behandlung und sinnlosem Einsatz.

Natürlich ist „Innere Führung" nicht sakrosankt. Sie wurde geschaffen für den Krieg im eigenen Land und im Bündnisgebiet. Wenn neue Einsatzbedingungen es notwendig machen, muss sie angepasst werden. Dies ist nur im Rahmen unserer Verfassung denkbar.

Deutsche Soldaten beklagen offenbar einen doppelten Mangel an Anerkennung: einmal im Ansehen unter NATO-Kameraden, zum anderen im Ansehen in der Heimat, der Zivilgesellschaft. Im Angesicht der Anforderungen und des mitunter sehr selbstbewussten Auftretens verbündeter Streitkräfte ist diese Klage verständlich. Wie weit die Umstellung von der Mentalität der Wehrpflichtarmee zu Selbstverständnis und Härte einer Berufsarmee in der kurzen Zeit schon gelungen ist, sollen Insider beurteilen. Wie hart, anspruchslos und auf den Auftrag konzentriert deutsche Soldaten im Kriegseinsatz heute ihre Arbeit im Vergleich zu ihren amerikanischen, englischen und französischen Kameraden leisten, ebenfalls.

Die deutsche Zivilgesellschaft ist über 60 Jahre kriegsfern, ja pazifistisch geprägt. Das hat nach der Katastrophe des 3. Reiches seine guten Gründe. Wir sind da mit den ungebrochenen Militärtraditionen unserer NATO-Kameraden nicht vergleichbar. Das soll den Stolz der nachgeborenen Soldatengenerationen auf die eigene Leistung nicht mindern, auch ihren Anspruch auf Gleichwertigkeit und Respekt nicht, wenn sie es sind und ihn verdienen.

Die Klage über zu wenig Anerkennung zieht sich durch die Bundeswehr in all ihren Entwicklungsphasen. Oft habe ich mir mehr Nüchternheit, Realismus und Selbstbewusstsein der Soldaten und besonders ihrer Führer gewünscht.

„.loyal“ stellt bewegend die besondere Herausforderung des Kampfes im fremden Land und die Folgen für Gesundheit, Leben und Familie dar. Dieses Handeln in die Lebensgefahr hinein ist berufsspezifisch und in dieser Herausforderung unvergleichbar. Aber Entwicklungshelfer, Männer und Frauen des THW und des Roten Kreuzes und andere gehen oft freiwillig in die gefährlichen Krisengebiete dieser Welt. Man spricht von ihnen wenig, man hört sie selten klagen.

Soldaten haben zunächst einen Beruf wie andere auch. Zu ihrer freien Entscheidung gehören gefährliche Auslandseinsätze auf Befehl. Für Gehalt und Zulagen kann Professionalität erwartet werden. Wenn das Erlebnis der Kameradschaft dazu kommt und das Bewusstsein, für eine gute Sache zu arbeiten, kann das ein großes, ein erfülltes Berufsleben sein.

Das besondere Risiko bleibt. Gott sei Dank ist die Bundeswehr eine Parlamentsarmee. Das macht zwar Entscheidungen schwerfälliger, hat uns aber wohl auch davor bewahrt, mit fadenscheinigen und verlogenen Argumenten in den Irakkrieg und andere unsinnige Einsätze geschickt worden zu sein.

Die Parlamentarier haben eine außerordentliche Verantwortung dafür, in welche Einsätze sie die Soldaten schicken und welche Ausrüstung sie ihnen dafür zur Verfügung stellen. Ihre Verantwortung ist es auch, Einsätze frühestmöglich zu beenden. Wissen sie immer, was sie tun? Das Interview mit Elke Hoff gibt etwas Hoffnung.

Ich wollte mir die Antwort zum Thema „ Der Soldat zwischen Kampfmoral und demokratischem Werteverständnis“ nicht leicht machen. Ich stand nicht im Kampf, ich habe keinen Sohn oder Tochter verloren, ich kam nicht traumatisiert oder verletzt zu meiner Familie zurück. Sie musste auch nicht an meinem mit der Dienstflagge bedeckten Sarg stehen und dabei die Nationalhymne anhören.

Dennoch: Die deutschen Soldaten im Einsatz, im Kampf wollen als Profis respektiert werden und manche auch Krieger sein. Profis zu sein ist ihr Job. Für ihren militärischen Einsatz als Soldaten haben sie alle Unterstützung und Respekt verdient. Als Verwundete, verwundet an Leib oder Seele, haben sie jeden Anspruch auf medizinische und psychologische Hilfe, auf berufliche Förderung und Eingliederung. Als zurückkehrende „Krieger“ aber werden sie in der deutschen, pazifistisch gesinnten Nachkriegsgesellschaft heute und morgen keinen Platz finden.

Machen wir die „Innere Führung“ nicht wieder zum Vehikel unseres Unmuts über die Herausforderungen unserer besonderen Aufgaben. Man kann auch heute, ohne die „Innere Führung“ zu amputieren, die Bürokratie straffen, Parlamentariern immer wieder ihre Verantwortung vor Augen führen, Richter und Staatsanwälte an die Realitäten des Einsatzes im Krieg heranführen, die Medien kundig machen und Fairness fordern, die Bevölkerung nicht hinters Licht führen über die Brutalität und auch Fragwürdigkeiten moderner Kriege und schließlich: Männern wie Oberst Klein, die zum Schutz ihrer Soldaten nach bestem Wissen und Gewissen handelten, unmissverständlich zur Seite stehen.

G. L.

Auschwitz, 12. Juli 2013
(Hamburg, 20. Juli 2013)

Auschwitz
eine Annäherung

Seit ich 20 war, beschäftige ich mich mit dem Nationalsozialismus und dem demokratischen Rechtsstaat: Eugen Kogon: „Der SS-Staat", Golo Mann: „Deutsche Geschichte des 19. und 20. Jahrhunderts", Paul Schmidt: „Statist auf diplomatischer Bühne 1923 - 1945", Allan Bullock: „Hitler, eine Studie über Tyrannei", Hans Graf von Lehndorf: „Ostpreußisches Tagebuch", Adolf Hitler: „Mein Kampf", Schriftenreihe Innere Führung: „Der Nationalsozialismus und der Zweite Weltkrieg", Churchill: „Hitlers Angriff auf Russland", B. H. Little Hart: „Jetzt dürfen sie reden", v. Manstein: „Verlorene Siege", Carl Zuckmayer: „Als wär's ein Stück von mir", Gordon A. Craig: „Die preußisch-deutsche Armee 1640 - 1945" und später Sebastian Haffner: „Anmerkungen über Hitler" waren wohl die wichtigsten Bücher, in die ich mich ab 1956 und in den 60er Jahren vertiefte und verbiss.

Das Phänomen Hitler, Nationalsozialismus, 3. Reich, Zweiter Weltkrieg und Holocaust faszinierten mich als Erscheinungen der Mobilisierung der Massen, der Gewalt und des Bösen. Ich versuchte zu verstehen, wie es geschehen konnte, auf welchem Boden, unter welchen politischen und gesellschaftlichen Bedingungen, wie es gewachsen war, wie Verführung und Begeisterung, Gewalt und Vernichtung in dieser Dimension organisiert und befeuert wurden.

So saß ich viele Wochenenden im Inntal unter dem Wendelstein im angenehmen Offiziersheim des Gebirgspionierbataillons 8 und später in Garmisch beim Stab der 1. Gebirgsdivision und las. Von Sozialisation bürgerlich-konservativ, im Denken zwar schon als Schüler kritisch und hinterfragend, Klassensprecher im Gymnasium, Mannschaftsführer beim Hockey, unbeschwert aufgewachsen als einziges Kind meiner Eltern, in einer großen, bürgerlichen Mittelstandsverwandschaft.

Mein Vater war als Oberzahlmeister gut durch den Krieg gekommen und erinnerte sich gerne und unkritisch an seine schönen Zeiten in der Reiter-SA. Meine Mutter, immer um das Wohl des Sohnes und ihrer kleinen Familie besorgt, hatte als junge Frau begeistert den Soldaten zugejubelt und wollte auch weit nach dem Zusammenbruch nicht wahr haben, dass Jesus ein Judenkind war. Oma streng, Opa gütig, Handwerksmeister, später Fabrikant, Respektspersonen beide, aber sie gaben viel Sicherheit.

Ich ging auf das Gymnasium, war ein mäßiger Schüler, spielte Hockey mit Leidenschaft, zuletzt in der Oberliga. Margret war meine langjährige Freundin.

War es das frühe Interesse an Politik, an den Angelegenheiten von Staat und Gesellschaft? Waren es die Lehrer, aus dem Krieg gerade zurück, die uns meist mit väterlicher Strenge erzogen? War es der Mannschaftssport oder war es zu all dem besonders die allgemeine Atmosphäre des Kalten Krieges, der Sorge vor Stalins Diktatur gegen die Chance, in Freiheit und Recht leben zu dürfen? Seit 1950 organisierte das Amt Blank den Aufbau neuer deutscher Streitkräfte, 1955 stellte Konrad Adenauer die ersten Soldaten der Bundeswehr in Dienst, 1956 machte ich Abitur. Ich hatte Architekt werden wollen und entschied mich, Offizier zu werden.

Nach den frühen Jahren als Zugführer, Jugendoffizier der Gebirgsdivision und Kompaniechef folgten verschiedene Verwendungen als Lehroffizier und schließlich die sehr erfüllenden Jahre im Generalstabslehrgang A, als Bataillonskommandeur, als Dozent an der Führungsakademie und zuletzt als Kommandeur des Verteidigungskreiskommandos 113 in Bad Segeberg.

Die Frage nach der Berechtigung und der Notwendigkeit von Streitkräften in einem demokratischen deutschen Rechtsstaat nach 1945, ihre innere Verfasstheit und die Bedingungen für ihren Einsatz in der Landesverteidigung und später weltweit, ihre Rechtfertigung vor den Anfragen nach Ethik und Moral wurden mein Lebensthema. An meiner Seite seit 50 Jahren meine sehr eigenständige Frau, für die Freiheit und Recht eine gleiche Bedeutung haben wie für mich.

In den hartnäckigen Studien in meinen frühen Berufsjahren haben sich mir die Abscheu vor der Diktatur, das Entsetzen über den

Holocaust und die Liebe zum freiheitlichen Rechtsstaat tief eingebrannt. Diese Gewissheit habe ich nie wieder verloren. In unzähligen Gesprächen, vielen Texten und auf 100 Podien habe ich die Bundesrepublik und ihre Streitkräfte gelassen und selbstgewiss vertreten.

Und da war immer der Wunsch, in Auschwitz durch das Tor zu gehen und einen Tag lang über diesen Boden, in diese Baracken und Häuser, zu den Trümmern der Gaskammern und Krematorien und die Schienen entlang.

Ich erwartete nichts Neues, dafür hatte ich zu viel gelesen, gehört, gefragt. Die Reise war meine Respektbezeugung und Trauer vor diesem unfassbarem Leid der Millionen Unschuldiger, die im Namen meines Volkes und von diesem gedemütigt, beraubt und ermordet worden waren.

Dann war ich da, in Auschwitz und Birkenau. Ich sah alles, was ich aus Büchern und Filmen kannte, aber jetzt war ich unter ihnen. Sie bedrängten mich nicht, sie mahnten mich.

Eine Lagefeststellung

G. L. Hamburg, 15. September 2013

Das Ende von „Staatsbürger in Uniform“ und „Innerer Führung“?

Bundeswehr im Umbruch

Kurzfassung:

Die deutschen Soldaten im Krieg beklagen den Mangel eines Lage und Auftrag entsprechenden geistigen Gerüstes. – Spaltet sich die Bundeswehr zur Zeit in die, die im Krieg waren und die Anderen? – Entwickelt sich eine professionelle Armee, die ihre neue Identität aus kriegerischem Geist, aus dem Willen zu überleben und auch zu siegen entwickelt? – Und wer stellt sich dann für diese Bundeswehr zur Verfügung ? – „Staatsbürger in Uniform“ beschreibt die Einheit von Staat, Gesellschaft und Soldat. Diese Einheit ist spätestens mit den Auslandseinsätzen und dem Ende der Wehrpflicht neu zu bewerten.

Der Minister beklagte im Frühjahr die Gier der Soldaten nach Anerkennung. – General a. D. Ramms, lange in höchsten NATO-Verwendungen, auch in Afghanistan, beklagte vor großem Publikum das geringe Ansehen und Vertrauen deutscher Offiziere in internationalen Stäben. – Die weit verbreitete Reservistenzeitschrift „.loyal“ titelte im März: „An der scharfen Kante des Berufes – der Soldat zwischen Kampfmoral und demokratischem Werteverständnis“. Sie geht das Dilemma und seine Folgen in bemerkenswerter Direktheit an: „Die Innere Führung bietet … nicht mehr genug Orientierung und Halt. … Sie (die Soldaten) können mit dem Konzept kaum noch etwas anfangen. Sie sehen sich mehr als Kämpfer, denn als Heimatverteidiger.“ „.loyal“ legt in 05/2013 noch einmal nach.

Was ist los in der Bundeswehr?

Ich war Soldat von 1956 bis 1993. Zuletzt als Kommandeur in verschiedenen Verwendungen und als Dozent an der Führungsakademie, in den frühen Jahren u. a. Jugendoffizier einer Division. Die Streitkräfte in diesen fast 40 Jahren Aufbau und Entwicklung sind mir vertraut, besonders ihre innere Verfasstheit.

„Innere Führung“ war das bahnbrechende, großartige Konzept der Einfügung der neuen Streitkräfte in den neuen Staat und seine Gesellschaft. Gerade fünf Jahre nach 1945, auf den materiellen und moralischen Trümmern Deutschlands, 1 Jahr nach der Gründung der Bundesrepublik, begannen im Amt Blank, dem Vorläufer des Verteidigungsministeriums, Männer eine Strategie zu entwickeln, wie neue deutsche Streitkräfte in den gerade gegründeten demokratischen Rechtsstaat harmonisch eingegliedert werden können.

Die Bundesrepublik war bis 1955 aufgeteilt in die amerikanische, britische und französische Besatzungszone, die Souveränität war eingeschränkt, jenseits der innerdeutschen Grenze existierte ein 2. deutscher Staat unter sowjetischem Diktat, Stalin herrschte über die Sowjetunion und bedrohte Westeuropa mit großer Militärmacht.

1955 wurden die ersten Soldaten der Bundesrepublik vereidigt. Ein rasanter Aufbau der Bundeswehr folgte mit dem Ziel, in wenigen Jahren 500.000 Soldaten im Dienst zu haben und über die Allgemeine Wehrpflicht einen Mobilmachungsumfang bis zu 1,3 Millionen.

Das Konzept der Eingliederung der Bundeswehr in den neuen Staat bekam den Namen „Innere Führung“. Eine oft erbitterte Auseinandersetzung über seine Richtigkeit entbrannte und dauerte Jahrzehnte an. Einflussreiche Offiziere sahen in der „Inneren Führung“ den Todesstoß für Tradition, Soldatentum und Kampfgeist. Das Konzept setzte sich dennoch offiziell durch und wurde Grundlage für Soldatengesetz und nachfolgende Gesetze und Weisungen.

Die „Innere Führung“ blieb bis heute vielfach missverstanden, gewollt unverstanden, verspottet und verachtet. Wo es nicht klappte in den Streitkräften, fand man oft schnell die Ursache in der „Inneren Führung“. Der zutreffende Begriff „Inneres Gefüge“, der später durch „Innere Führung“ ersetzt wurde, war im Bundeswehrjargon schnell zu „Inneres Gewürge“ umgedeutet worden.

Aber: das Konzept trug durch die langen Jahre bis zum Zusammenbruch des Warschauer Paktes und der Vereinigung der beiden deutschen Staaten, bis zur Erlangung der vollen Souveränität und damit der neuen Rolle Deutschlands in NATO und UN und ihrer Konsequenz, den Auslandseinsätzen und dem Ende der Allgemeinen Wehrpflicht.

Die Schöpfer der „Inneren Führung", die Generäle Graf von Kielmansegg, de Maizière und Graf von Baudissin wurden von der Hamburger Universität ausgezeichnet mit dem „Freiherr-vom-Stein-Preis" für herausragende staatsbürgerliche Leistungen.

Was ist „Innere Führung"?

Als ich in diesen Tagen einen Hauptmann, der nach vielmonatigen Einsätzen als Führer einer Kampfkompanie in Afghanistan in Anbetracht der Realitäten des Einsatzes neue „Leitlinien für die Innere Führung" forderte, fragte, wie er denn „Innere Führung" definieren würde, antwortete er: „Das ist es ja! Ich weiß es nicht, jeder sagt mir etwas anderes! Innere Führung soll ja alles einschließen." Und als ich vor einer Woche einen pensionierten Oberst der Bundeswehr auf die Problematik ansprach, explodierte er: „Dieser Quatsch! Menschenführung haben wir immer gekonnt, im Kaiserreich, in der Wehrmacht und jetzt in der Bundeswehr. Da haben sich einige wichtig gemacht und wollten etwas ganz Neues erfinden und sich einen Namen machen."

Was ist „Innere Führung"?

„Innere Führung" definiert die Einfügung der Bundeswehr in den demokratischen Rechtsstaat Bundesrepublik Deutschland und die Position des einzelnen Soldaten, seine Rechte und Pflichten:

- Primat der Politik/Parlamentsarmee
- Bindung an Recht und Gesetz
- Staatsbürger in Uniform.

Von diesen drei Eckpfeilern lassen sich alle Teile des Gebäudes ableiten einschließlich der Menschenführung in der Bundeswehr. So, wie die Bundesrepublik ein Gegenentwurf zur Diktatur des 3. Reiches ist, so ist die Bundeswehr in ihrer inneren Verfasstheit der Gegenentwurf zur Wehrmacht. Die Bundeswehr steht nicht in der Tradition der Wehrmacht. Der Eid wird auf die Verfassung geleistet.

Die drei Eckpfeiler waren nach dem Zusammenbruch 1945 und im Aufbau eines demokratischen Rechtsstaates logisch und m. E.

alternativlos.

Inzwischen aber ist deutlich geworden, dass die „Bundeswehr im Einsatz", in „nicht staatlichen bewaffneten Konflikten", im „Krieg" eine andere Bundeswehr sein muss als in den 35 Jahren im Frieden. Da sind wesentliche Veränderungen:

- Ende des Kalten Krieges und der direkten Bedrohung
- Ende der Gefahr eines Atomkrieges auf absehbare Zeit
- Ende denkbarer Kriege auf europäischen Boden mit national basierten Massenheeren
- Ende der Wehrpflicht
- Einsatz der Bundeswehr in bewaffneten Konflikten und Kriegen global, in fremden Kulturen und bei geringem Rückhalt aus der Heimat
- Einsatz in asymmetrischen Kriegen bei undefinierbaren Gegnern, deren Kombattantenstatus nicht zu erkennen ist
- der Medienkrieg, mit Zugriff bis auf die untere Kampfebene und die verzugslose Übermittlung der Bilder in die Heimatpresse
- der Cyberkrieg, der Krieg im virtuellen Raum, mit und gegen die computergestützten Waffen und Systeme.

Und bald werden bewaffnete Drohnen, autonome Drohnen und Kriegsroboter Mittel der Kriege sein.

Auch der Leitspruch „Kämpfen können, um nicht kämpfen zu müssen" oder das Wort eines Bundespräsidenten „Der Friede ist der Ernstfall" sind Vergangenheit. Der Krieg ist der Ernstfall. Der Soldatenberuf ist auch nicht „ein Beruf wie jeder andere", er ist ein ganz besonderer Beruf.

Weder Fremdenlegion noch Söldnerarmee sind in der Bundesrepublik Deutschland denkbar. Aber da ist der Unmut der Männer und Frauen im Einsatz, das Verlangen, zu Hause als Kämpfer respektiert zu werden, der Stachel, oft von alliierten Kameraden nicht als gleichwertig akzeptiert zu sein, das völlige Unverständnis für das Verhalten von Öffentlichkeit, Politikern und höchsten Vorgesetzten gegenüber Männern wie Oberst Klein und seiner Entscheidung, die entführten Tanklaster bombardieren zu lassen. Es wächst die Fremdheit zwischen Bundeswehr und Gesellschaft.

Diese Enttäuschungen gebären nicht nur Bitterkeit, sondern,

vereinzelt noch, auch den Gedanken, sich geistig abzusetzen in eine eigene Welt der Kämpfer und Krieger. Teilt sich da zurzeit die Bundeswehr, die jungen Kommandeure und Kompaniechefs und ihre Männer und Frauen, die im Krieg waren und die anderen, auch Vorgesetzte aller Ebenen, die dieses Siegel nicht tragen?

Entwickelt sich zwangsläufig, in Distanz zur Gesellschaft, eine professionelle Armee, die ihre neue Identität aus sich, aus kriegerischem Geist, aus dem Willen, zu überleben und auch zu siegen entwickelt? Und wer stellt sich dann für diese Armee zur Verfügung?

Der Kern des Soldatenberufes ist die Bereitschaft zum Kampf. Seine Kampfmoral trägt den Soldaten im Einsatz. Ist sie nicht begründet in der Gewissheit für eine gute Sache einzustehen und dabei von der Heimatgesellschaft getragen zu sein, entwickelt sich die Armee entweder zum zahnlosen Tiger oder zum Staat im Staate.

Wo findet der Soldat heute seine staatsbürgerliche Identität? Wie ist die Verankerung dieses Soldaten in seiner deutschen Heimatgesellschaft sicherzustellen, die ihn zwar in die neuen Einsätze auf Leben und Gesundheit schickt, der er aber letztendlich gleichgültig ist und der irgendwo in Afrika, Asien oder sonst wo sich fragt: „Was mache ich hier eigentlich?"

Der Aachener Friedenspreis 2013 ist an zwei deutsche Schulen verliehen worden, die es ablehnen, Soldaten, auch Jugendoffiziere, einzulassen, „weil wir für Frieden sind und nicht für Krieg."

Die von den jungen Offizieren konkret beklagten Defizite haben oft mit mangelndem Verständnis von Politikern und ihrem Lavieren vor der deutschen Öffentlichkeit zu tun, auch nicht selten mit der mangelnden Klarheit und Härte ihrer hohen und höchsten Vorgesetzten gegenüber der Politik. Wie lange haben die Soldaten auf die Anerkennung ihrer Einsätze als Einsätze im „Krieg" und ihrer Toten als „Gefallene" gewartet.

Die Mühlen von Disziplinarrecht und deutscher Gerichtsbarkeit bei problematischen Entscheidungen militärischer Führer in Stresslagen des Kampfes sind besonders demotivierend. Die monatelange gerichtliche Verfolgung des Oberst Klein muss Signal sein für entschlossene Solidarität durch Vorgesetzte und Politiker.

Der Kern des Unbehagens, der Unzufriedenheit, geht an die

Grundlagen, die innere Struktur, den Geist der Streitkräfte im neuen Auftrag.

Was bleibt?

„Primat der Politik“ und „Bindung an deutsches Recht und Gesetz“ bleiben Kern jedes neuen Berufsbildes. Eine „Parlamentsarmee“ macht die Reaktion der Bundesrepublik in internationalen Krisen zwar schwerfällig und gefährdet die Verfügbarkeit national gemischter Verbände und Einrichtungen (AWACS, Schnelle Eingreiftruppen u. ä.). Grundsätzlich aber wird und sollte sich das Deutsche Parlament die Entscheidung nicht nehmen lassen. Sie ist zugleich ein wichtiger Schutz der Soldaten vor schnellen Entschlüssen der Regierung. Auch die Entwicklung bei unseren westlichen, demokratischen Partnern stärkt die Parlamente bei der Entscheidung über Krieg und Frieden.

Aber „Staatsbürger in Uniform“? Ist das noch die bundesrepublikanische Realität nach Ende der Wehrpflicht und bei globalen Einsätzen im vielstaatlichen Verbund im Auftrag der UN? Oder ist es die Heilige Kuh, von der zu trennen wir uns nicht trauen?

Natürlich bleibt der Soldat Staatsbürger. Genauso wie der Polizist oder der Arzt oder der Feuerwehrmann in Auslandseinsätzen es ist. Also eine selbstverständliche Eigenschaft, über die man nicht besonders reden muss.

Aber wir haben im Aufbau und in den Friedensjahren den „Staatsbürger in Uniform“ vor uns hergetragen wie eine Fackel. Der Bürger als der geborene Verteidiger seines Vaterlandes, Staatsbürger in Uniform.

Hat der Wandel dieses signifikante Alleinstellungsmerkmal zu einem gedankenlos hingenommenen selbstverständlichen Qualitätsmerkmal reduziert?

Wenn der „Staatsbürger in Uniform“ aber neu bewertet werden muss, dann steht auch die „Innere Führung“ als System, in dem der „Staatsbürger in Uniform“ eine zentrale Rolle hat, auf dem Prüfstand. Unter dem Thema „Bundeswehr in Staat und Gesellschaft“ lässt sich eigentlich alles sagen.

Das neue Leitbild des deutschen Soldaten wird das Bild eines

Berufssoldaten sein, der im Auftrag des deutschen Parlaments und nach Anforderung durch internationale Organisationen, UN, NATO und EU gegen Gewalt und Völkermord als hochprofessioneller Kämpfer weltweit für Recht und Freiheit einsteht.

Die neue Lage erzwingt eine ehrliche Neuorientierung. Die Führungsspitze der Bundeswehr muss sie einleiten und maßgeblich gestalten. Das Primat der Politik darf dabei nicht die gewohnte Ausrede sein. Die Politiker des Bundestages werden den Realitäten des Einsatzes ihrer Soldaten nur dann Rechnung tragen, wenn sie hart darauf gestoßen werden. Die führenden Offiziere müssen das leisten.

Zivilcourage sollte den Offizier dabei auszeichnen. Mögen die jungen „Offiziere im Einsatz" sich mutig einmischen, innen und außen. Politik ist per se nicht schmutzig, sondern ein „Gefechtsfeld" der Demokratie. Nur wer sich stellt, entscheidet mit.

Hamburg, 9. Oktober 2013

Süddeutsche Zeitung

Forum

zu: SZ 08.10.13 – Gen a. D. K. Naumann:

„Eine Vision für Afghanistan“

General a. D. Naumann schreibt eine bemerkenswert umfassende und nüchterne Analyse zur Lage und Perspektive des Einsatzes in Afghanistan. Im Ergebnis ist die Situation hoffnungslos, die Kriegsziele verfehlt und sind die Opfer umsonst gewesen. Wie unrealistisch seine wenigen Lösungsvorschläge sind, eine „Stand-by“-Nato und „mehr Zusammenarbeit der Europäer“, beschreibt er selber. Resignation und wenig Trost für die Soldaten und ihre Familien.

Naumann selbst erinnert an den Satz der damaligen evangelischen Ratsvorsitzenden Margot Käßmann in ihrer Neujahrspredigt 2010: „Nichts ist gut in Afghanistan.“ Darauf hatte er am 29.01.2010 in dieser Zeitung mit einem maßlosen und sehr persönlichen Angriff auf die Bischöfin reagiert. Sie habe durch ihr „hochmütiges, aber in jeder Hinsicht falsches Pauschalurteil“ ohne jede Sachkenntnis den Soldaten und ihren Familien den Boden unter den Füßen weggezogen.

Es lohnt sich vor dem Hintergrund der aktuellen Lage in Afghanistan und deren Analyse durch General a. D. Klaus Naumann Predigt und Kritik von Januar 2010 im Internet nachzulesen. Offenbar war die Bischöfin weitsichtiger als der General und im Ton barmherziger. Man kann sich auch entschuldigen.

G. L. OTL a. D.

*

Hamburg, 30. Januar 2014

Führen und geführt werden.

20.01.14 – ein Abend an der Universität der Bundeswehr

Die Aula war gut besetzt. Weit überwiegend Studenten und Studentinnen, einige Professoren, Fachbereichsleiter, wenige zivile Gäste. – Ein Mittwoch im Januar, 19 Uhr.

„Schlüsselsituationen im Afghanistaneinsatz – Vortragsveranstaltung „Führen und geführt werden“. Vortrag mit anschließender Podiumsdiskussion“. Die „Kameradschaft Grenadiere“ und der „Freundeskreis der Panzertruppe an der Universität der Bundeswehr e. V.“ hatten eingeladen. Zugang hatte jedermann. Der Zugang in das Gelände der Bundeswehr-Universität war offen. Keine sichtbaren Kontrollen, auch nicht in der Aula. Ich war wegen meines Interesses an der „neuen“ Bundeswehr gekommen.

Auf dem Podium vier Soldaten aus Afghanistaneinsatz mit persönlicher Kampferfahrung: ein Kompaniechef, ein Zugführer, ein stellvertretender Zugführer, ein Stabsgefreiter. Gesprächsleitung: ein Leutnant, vermutlich ohne Auslandserfahrung.

Nach Begrüßung und Vorstellung des Podiums berichteten die vier Soldaten in Kurzvorträgen jeder über ein spezielles Erlebnis zum Thema, seine Wirkungen und ihre Art der Verarbeitung. Es folgte die Podiumsdiskussion, die überwiegend aus Antworten der vier Teilnehmer aus ihrer unterschiedlichen Perspektive bestand, Antworten auf die vernünftigen, unaufgeregten Fragen des Gesprächsleiters. Danach eine allgemeine Aussprache, an der sich überwiegend ältere Veranstaltungsbesucher beteiligten.

Die Veranstaltung dauerte ca. zwei Stunden. Sie verlief routiniert, diszipliniert, locker. Wieweit sie im Einzelfall persönliche Betroffenheit bei den jungen Militärstudenten/innen auslöste, war nicht zu erkennen.

Auf dem Podium saßen sehr unterschiedliche Männer, keine Soldatin. Mindestens zwei von ihnen sehr gesprächs- und diskussionserfahren, fast routiniert im Thema, der Hauptmann und der Stabsgefreite. Aber auch Oberleutnant und Oberfeldwebel sehr aussagefähig.

Eindrucksvoll war ihre Konzentration auf das Geschehen im Einsatz, ihre selbstkritische, aber zugleich selbstbewusste Darstellung, ihre analytische Bewertung und ihre Konsequenzen für die Zusammenarbeit und Wechselwirkung von Führern und Geführten.

Diese vier Soldaten strahlten gelassene Selbstgewissheit aus bei aller distanzierten Selbstkritik. Sie hatten in Afghanistan ihren Auftrag erfüllt, ihr Handwerk ausgeübt, in einer extremen Situation sich selbst erprobt und waren offenbar gefestigt in die zivile Heimatgesellschaft zurückgekehrt.

Sie hatten sich wohl damit abgefunden, dass Kollegen, Freunde und Familie zu ihrer Erlebniswelt keinen Zugang hatten, meist auch nicht haben wollten und sie kamen damit offenbar zurecht. Da war eine neue, eine andere Gemeinschaft entstanden. Auch eine Gemeinschaft im Geiste. Wenn der eine eine Einsatzsituation schilderte und bewertete, auch seine Gefühle in der kritische Lage aussprach, nickten oft die anderen. Gleichartige Prägung in der unvergleichlichen Herausforderung, ein neuen Berufsstolz, ein Siegel des Besonderen, ein Unterscheidungszeichen.

Dabei war kein Anklang von Heldentum oder Kriegsspiel. Die Männer waren unaufgeregt, bescheiden, nie auftrumpfend oder selbstgerecht, sondern nachdenklich und rücksichtsvoll, aber offenbar ohne Selbstzweifel. Die Folgen der Einsätze für viele Kameraden, auch für sie selbst, wurden benannt, die vielen posttraumatischen Erkrankungen, die Verwundungen und die gefallenen Kameraden nicht verschwiegen, auch die großen Belastungen für die Familien und Partnerschaften. Aber ohne Lamento, in großem Ernst als die erwartbaren, ja unvermeidlichen Folgen solcher Einsätze im Krieg.

Die Soldaten stellten keine direkten Forderungen an Staat und Gesellschaft. Eher in sachlichen Nebenbemerkungen und schließlich erst nach Aufforderung in der allgemeinen Aussprache. Als sie dann den Wert einer verständnisvollen Öffentlichkeit zu Hause benannten, war das sachliche Feststellung, kein Klagelied.

Hier präsentierte sich die „Bundeswehr im Einsatz“ in einer für mich erstaunlichen Selbstverständlichkeit im Rahmen unserer demokratischen Normen und Ordnung. Wie weit dieser Eindruck zu verallgemeinern ist, kann ich nicht beurteilen. Nach meiner Vermutung eher nicht.

Vier Gesprächsfelder möchte ich noch herausheben: 1. Kern des soldatischen Selbstverständnisses ist die Bereitschaft zum Kampf. Ungeschminkte Vorbereitung in der Ausbildung erspart nicht ersetzbare Ausfälle im Einsatz. 2. Die Bedeutung des Vertrauens in den Führer im Kampf ist außerordentlich. Das gilt für jede Ebene. Wo scharf geschossen wird, herrscht Angst und Unsicherheit. Nur wenn die Truppe ihrem Führer vertraut, ist sie zusammenzuhalten und zum offensiven gemeinsamen Handeln zu motivieren. Fehler werden dem Führer zugestanden, wenn er kraftvoll und glaubwürdig handelt. 3. Information ist ein unverzichtbares Führungsmittel. Die Soldaten wollen angesprochen und einbezogen werden. Der Führer entscheidet. 4. Im Einsatz konzentrieren sich Gefühle und Aktivitäten zu allererst auf das Überleben, die Erfüllung der vor Ort gestellten Aufgaben und die Sorge um die anvertrauten Soldaten. So wichtig die Familie in der Heimat ist und Verständnis und Unterstützung durch die Heimatgesellschaft, sie treten im Einsatz weit in den Hintergrund und ggf. erst in den langen Kampfpausen wieder hervor.

Summe: Eine durchgehend gelungene Veranstaltung, informativ und lehrreich, dem Thema angemessen. Das Führen und geführt werden in national gemischten Teileinheiten bzw. Einheiten, wie auch die Eingliederung von Soldatinnen wurde nicht thematisiert. Wie viel Bedenkenswertes die Offiziersstudenten und -studentinnen mitgenommen haben, kann ich nicht beurteilen. Ihre große freiwillige Teilnahme, zudem in Uniform, gibt Hoffnung.

Es wird immer wieder berichtet, dass nur ein kleiner Teil der z. B. in Afghanistan diensttuenden Soldaten das Camp verlässt und in den scharfen Einsatz geht. Ohne die Belastungen des Lebens im Camp, fern von Deutschland und unter täglicher Bedrohung von Anschlägen gering zu achten, wird der soldatische Geist der neuen „Bundeswehr im Einsatz“ und die Qualität von Führern und Geführten von denen geprägt werden müssen, die „draußen“ waren, unter Feuer.

Die Bundeswehr und ihre Soldaten stehen bei den neuen weltweiten Einsätzen in der Zerreißprobe zwischen den unverzichtbaren Normen des demokratischen Rechtsstaates, der sie entsendet und den Herausforderungen von Krieg und Kampf. Und das im asymmetrischen Krieg in fremden Kulturen, in denen Kombattantenstatus und Kriegsvölkerrecht wenig gelten. Die Vermittlung vom Sinn solcher Einsätze hat dann herausragende Bedeutung. Die geistigen und charakterlichen Anforderungen, besonders an die Offiziere und Unteroffiziere, sind groß.

Die vier Soldaten auf dem Podium am 20.01. in der Bundeswehr-Universität Hamburg vertraten die „Bundeswehr im Einsatz“ eindrucksvoll.

Die Veranstalter stellten diesen Beitrag ins Netz.

Eine kleine Gruppe Militärbeobachter in der Ostukraine geriet in Gefangenschaft der Separatisten. Sie wurden nach acht Tagen freigelassen. Es wurde reichlich über die Gefangennahme berichtet. Ein deutscher Oberst gab ein Interview und berichtete von der Gefangenschaft. Ich schrieb einen Leserbrief an die SZ.

G. L. Hamburg, 4. Mai 2014

Militärberater

Genug des Jammerns

Genug des Jammerns. Der Oberst spricht nach acht Tagen Gefangenschaft, in der ihm offenbar kein Haar gekrümmt wurde, von der täglich wachsenden Bedrohung, von Furcht und Angst in das direkte Feuer zu geraten, vom Glück, befreit zu sein und von Erschöpfung. Die Ministerin spricht von ihrer tiefen Erleichterung und dass die Männer nun Ruhe brauchen, damit die Familien wieder zusammenfinden.

Die Ministerin hatte Zeit genug zu lernen, dass sie kein Sozial- oder Familienministerium mehr führt, sondern eine Armee im (Kriegs-)Einsatz. Der Oberst ist Soldat und müsste wissen, womit er zu rechnen hat, wenn er in einen Bürgerkrieg geschickt wird und die

Medien auf ihn, als Leiter der Gruppe begierig schauen. Beide sollten die Soldaten nicht blamieren.

Die Bundeswehr hat inzwischen genug kriegserprobte, professionelle Soldaten mit internationaler, auch diplomatischer Erfahrung in allen Dienstgraden, die man, wenn es sein muss, in gefährliche Missionen schicken kann.

Was denken sich eigentlich bei diesen Meldungen die Tausende Familien, deren Männer und Väter, Frauen und Mütter seit zehn Jahren oft Monate lang und immer wieder, z. B. in Afghanistan im Einsatz sind, viele von ihnen täglich im Kampf, im direkten Feuer?

*

G. L. OTL a. D. Hamburg, 27. November 2014

„Anforderungen an den jungen militärischen Führer"

Buchvorstellung und Podiumsdiskussion
Universität der Bundeswehr Hamburg, 25.11.2014

Anregungen – weitergedacht

Nach der Buchvorstellung „Armee im Aufbruch" am 25.11. in der Universität der Bundeswehr diskutierte eine kompetente Gruppe unterschiedlicher Kenner der Bundeswehr das Thema „Quo vadis – Anforderungen an den jungen militärischen Führer".

Der Militärhistoriker bezeichnete den Offiziersberuf als einen eminent politischen Beruf, der Betreiber eines sicherheitspolitischen Blogs beklagte die mangelhafte Präsenz der Bundeswehr im Netz. Alle wünschten von den militärischen Repräsentanten mehr Mut zur eigenen Meinung und Präsenz in der Öffentlichkeit. Es bestünde der Eindruck, die Spitzen der Bundeswehr warteten jeweils auf das Wort des Ministers, um sich dann, wenn überhaupt, in dessen Sinn zu äußern.

Ein eminent politischer Beruf. Graf von Baudissin hat das

schon in den 60er Jahren so formuliert. Die wenigsten Offiziere haben es gelebt, die allermeisten wollten damit nichts zu tun haben. Die Politiker hatten nach ihrer Meinung für das Ansehen der Soldaten zu sorgen. Man selbst machte sich „die Finger nicht schmutzig“ und stellte sich nicht den kritischen Fragen in der Öffentlichkeit.

Das Soldatengesetz sichert dem Soldaten ein großes Maß an staatsbürgerlicher Freiheit. Er muss es nur couragiert nutzen.

Die Armee ist im Aufbruch, im Wandel, der Auftrag hat sich grundlegend verändert, die Bundeswehr im Einsatz ist nicht mehr die Bundeswehr im Frieden.

Dennoch hat sich am Verhalten der militärischen Führer nach den Aussagen dieses Abends jedenfalls wenig geändert: Die Führer sind unpolitisch und treten wenig in die militärische und gesellschaftliche Öffentlichkeit. Die Forderung nach Präsenz und Richtungsweisung aber war heftiger, als ich sie je in den Friedensjahrzehnten erlebt habe. Der Soldat will seine Generäle in den Medien sehen und fordert dort ihre Meinung, wohl gerade in Zeiten, in denen Hans und Franz über die Mängel der Bundeswehr reden und die schweigende Armee sich der Lächerlichkeit preis gibt.

Ein eminent politischer Beruf? Natürlich ist er das. Staatsbürger in Uniform. Ein Beruf unter hunderten, aber ein unvergleichlicher. Wer sich den Entscheidungen des Parlaments unterstellt und sich in einen Krieg schicken lässt, den er selbst vielleicht sogar für falsch hält und dazu noch bereit ist, andere Soldaten auf diese Konsequenz hin zu erziehen, auszubilden und zu führen, der hat einen sehr besonderen Beruf. Und diese Herausforderung hat Konsequenzen, ganz besonders für den militärischen Führer.

Staatsbürger in Uniform. Das kann der Soldat nur in einem demokratischen Rechtsstaat sein. Das fordert Mitwirkung, Einflussnahme, Positionierung, vor die Front treten, diesmal im gesellschaftspolitischen Diskurs mit der anderen Meinung, mit den Andersdenkenden, gegebenenfalls auch in der Konfrontation.

Und da sollten die Spitzen der Bundeswehr nicht dabei sein und jeder andere nicht, der militärischer Führer ist? Schon aus Verantwortung für die Männer und Frauen, die er morgen in den Krieg führt, ist er hier gefordert.

Dazu gehört Courage, Zivilcourage. Mitunter auch Mut und Tapferkeit. Aber wer sich selbst und seinem Urteil vertraut, kein Angst vor Fürstenthronen hat und nicht in ständige Sorge um die nächste Beförderung lebt, der wird die öffentliche Meinung mitgestalten und Einfluss nehmen wollen, ganz besonders auf die Sicherheitspolitik und die wird im zivilen politischen Raum bestimmt. Politik ist nicht schmutzig, sie ist das „Gefechtsfeld" der Demokratie, nur wer präsent ist, bestimmt mit.

Unsere Verantwortung beginnt nicht in der Kaserne oder im Krieg, sondern in der Mitwirkung an der Entscheidung für den „richtigen" Krieg. Staatsbürger in Uniform.

Wer das Besondere unseres Berufes kennt, die Schwächen nicht verschweigt, ihn aus Überzeugung lebt, der kennt die Stärke unserer Argumente für eine wehrhafte Demokratie. Da ist das Kreuzen der Klingen, der Argumente, eine selbstbewusste Herausforderung.

Zivilcourage. Man hat sie oder man hat sie nicht? Glücklich der, der sie im Elternhaus lernt, dem schon früh Mut gemacht wird. Schlecht dran der, der schon früh zum Duckmäuser erzogen wurde. Aber spätestens ab 20 hat der ganz eigene Weg begonnen. Man kann manches nachholen. Und die Bundeswehr könnte nicht nur vorleben, sondern schon bei der Auswahl des Offiziersnachwuchses die soziale Kompetenz, das Engagement – in Sportvereinen, Jugendorganisationen, Parteien, Kirchen – positiv werten.

Es geht nicht um Opponieren, um Besserwissen, um Auftrumpfen. Es geht um Verantwortung, Ehrlichkeit, Klarheit, mitunter auch um Selbstachtung. Den militärischen Führer binden nur die Werte unserer Verfassung und sein Gewissen. Seine Verantwortung gilt seinen Untergebenen. Seinen Vorgesetzten ist er im Dienst Gehorsam schuldig, aber nicht um jeden Preis. Wer widerspricht, sollte das Ganze im Auge halten, seine Sache sorgfältig geprüft haben, Form und Anstand wahren. Zivilcourage ist nicht blind. Empörung kann spontan sich äußern, handeln in Gefahr erfordert den kühlen Kopf.

Es gibt in der deutschen Militärgeschichte so manches großartige Beispiel für Zivilcourage und so manches erschreckende Versagen. Die Gelegenheiten, Geschichte zu schreiben, sind selten, der militärische Führer bewährt sich im Alltag.

Zivilcourage ist die Voraussetzung für verantwortliches Handeln in einem eminent politischen Beruf, dem Beruf des militärischen Führers. Der Abend in der Universität der Bundeswehr in Hamburg gibt Hoffnung.

Blühende Landschaften

Merkzettel/Dezember 2014
zu BÜRGER u. SOLDAT, S. 135, nach „Es könnte alles so einfach sein."

Das Verteidigungsbezirkskommando Neubrandenburg der ehemaligen NVA wurde mit dem VKK 113 auf Zusammenarbeit angewiesen. Vordermannsausbildung bei uns in Bad Segeberg oder mehrwöchige Ausbildung in Neubrandenburg durch Offiziere und Feldwebel meines Stabes. Da war zunächst eine große Verunsicherung bei den militärischen und zivilen Mitarbeitern im VBK. Wer kam da? Wie würden sich die „neuen Herren" verhalten? Wir taten unser Mögliches, da waren neue Kameraden in schwieriger Lage. Manche wurden nicht übernommen, manche gingen von sich aus.

Unvergesslich die frühen Fahrten mit dem PKW durch Mecklenburg-Vorpommern, durch graue Dörfer und Städte, die Straßen voller Schlaglöcher, viel verfallene Gebäude, kaum Blumen in den Fenstern, in den Vorgärten. Und da waren die Hubschrauberflüge entlang der Küste über eine traumhaft schöne Landschaft.

In wenigen Jahren waren es dann vielleicht nicht „blühende Landschaften", aber doch unglaubliche Veränderungen zum Positiven.

Auflösung u. Aufbruch/VKK 113

Merkzettel/Dezember 2014

zu BÜRGER u. SOLDAT, S. 135 nach Einschub „VBK Neubrandenburg“

Nach der Wiedervereinigung 1989 *und dem Ende des Kalten Krieges führte ich das VKK noch drei Jahre. Die internationale Lage hatte sich grundlegend geändert.* **Den Hauptauftrag des VKK 113,** *in enger Zusammenarbeit mit den Kreisverwaltungen im Spannungs- und Verteidigungsfall den möglichst ungestörten Aufmarsch der 6. Panzergrenadierdivision sicherzustellen,* **gab es nicht mehr.** *Führung und Ausbildung der ca. 2.000 zum VKK beorderten Reservisten, Wehrleitersatzbataillon, Heimatschutzkompanie, Verbindungskommandos, Stabskompanie gingen absehbar ihrem Ende entgegen. Auch die Kreisgruppen und Kameradschaften der Freiwilligen Reservistenarbeit lebten in Ungewissheit und Bedeutungsverlust.*

Ein großer Umbruch war im Gang, *die Unsicherheit war groß, Vieles brach langsam weg. Nun galt es, „den Laden“ zusammenzuhalten, dicht an den Männern zu bleiben, Information, Richtung, Perspektive zu geben, den Stab gut zu motivieren und das Positive zu sehen. Und bei Licht gesehen war die Lageveränderung, an der wir teilnahmen, großartig.*

Von Wiedervereinigung und Zusammenbruch des Warschauer Paktes hatten wir geträumt, nun waren sie geschehen. *In einem veränderten Europa würde die Bundeswehr im veränderten Auftrag und neuen Strukturen gebraucht werden. Deutschland hatte die Mittel und die Fähigkeit, sich der neuen Lage zu stellen.*

Wie hunderte andere Dienststellen und Verbände **wurde das VKK 113 1994 aufgelöst.** *Eine Ära der europäischen Politik und der Bundeswehr ging zu Ende. Mit den ersten Auslandseinsätzen deutscher Soldaten im Auftrag der UN hatte die neue Zeit bereits begonnen.*

Offensichtlich hadern viele junge Offiziere mit Wahrnehmung und Ansehen der Bundeswehr in Staat und Gesellschaft. Leutnant B. schreibt sich seinen Frust von der Seele. Sein Alternativmodell ist erschreckend undemokratisch. Ein Warnschuss.

Hamburg, 22. Januar 2015

G. L. OTL a. D.

Leserbrief an .loyal zu 01/2015, J.-Ph. B.

„Ausgedient"

Ein untaugliches Modell

Wieder packt „.loyal" ein heißes Eisen an. Respekt und Dank dafür. –

Leutnant B. wirbt für eine Bundeswehr als Staat im Staate, unpolitisch, autonom, Kriegshandwerker, die ihre Ethik allein aus ihrer Professionalität ableiten, eine geschlossene Offizierskaste, Krieger. Der Souverän gibt den Auftrag und der wird umgesetzt bis zum Sieg, keine Frage, keine Diskussion, Sieg oder Untergang.

Unglücklicher Weise ist dieser Souverän auf Zeit gewählt vom Volk und dieses Volk wird tief verachtet, denn es ist unzuverlässig, dekadent, hedonistisch, defätistisch. Also bildet man seine eigene Offizierskaste, nur sich selbst verantwortlich. Noch fehlt der ersehnte Befehlsgeber, ein autokratischer Führer in Uniform.

B. fordert, dass die Qualität des Handelns die Motivation für das Handeln des Soldaten ist. Das ist eine eiskalte Welt der militärischen Vollstrecker. Führer befiehl, wir folgen Dir!

Das Modell passt in eine Diktatur, aber nicht in einen demokratischen Rechtsstaat. Es macht den Soldaten zur Mordmaschine ohne Verantwortung für sein Tun. Es entmündigt das Parlament, denn es entzieht ihm die Kontrolle über seine Streitkräfte. Es verführt Regierung und Parlament, die Bundeswehr überall weltweit einzusetzen, wo es ihnen opportun ist, denn die Krieger verlangen keine Rechenschaft, sie sind Befehlsempfänger. Das Modell schafft einen Staat im Staat, dessen Führer sich dem Willen der Regierung entziehen, wenn ihnen die Richtung nicht passt.

Graf von Baudissin nannte den Offiziersberuf einen eminent politischen Beruf. Die „Innere Führung“ gliedert die Bundeswehr in den demokratischen Rechtsstaat ein. Das entspricht der Gewaltenteilung und gibt dem Soldatenberuf Ethik und Würde. Der Konflikt zwischen militärischer Effektivität und ziviler Kontrolle muss mit den Mitteln des Rechtsstaates gelöst werden und nicht mit dem Ausbruch aus dem System.

Die Frustration eines wachen und wichtigen Teils der jungen Führer der Bundeswehr ist da und verständlich. B. ist m. E. nicht repräsentativ, aber gibt der tiefen Enttäuschung der jungen Offiziere Stimme. Viele fühlen sich von einer gleichgültigen, pazifistischen Wohlstandsgesellschaft missbraucht. Sie fühlen sich vom Parlament nicht vertreten und von ihrer Generalität im Stich gelassen.

Die Bundeswehr steht am Scheideweg: Entweder gelingt es, im Zusammenklang von Bevölkerung, Parlament und Armee selbstbewusste, kriegstüchtige Streitkräfte zu formen, die dennoch in den freiheitlichen Rechtsstaat eingefügt sind oder wir erhalten eine Armee des Mittelmaßes, deren Führer zwar einen akademischen Abschluss haben, die aber im Kampf der Gefahr ausweichen, keinen Willen zum Sieg haben und nur dann befördert werden, wenn sie möglichst wenig Verluste haben.

B.‘s Modell ist keine Lösung, aber ein heftiger Anstoß.

*

G. L. OTL a. D. Hamburg, 24. Januar 2015

Herrn Rolf Clement
Deutschlandfunk/Hörersevice
zu: DLF 23.01.15 10:10 Lebenszeit

„Arbeitgeber Bundeswehr"

Befremdliche Welt aus Drill und Disziplin?"

Sehr geehrter Herr Clement.

Mit wachsendem Missvergnügen hörte ich am Freitagmorgen im DLF die Sendung „Arbeitgeber Bundeswehr" an. Über welche Streitkräfte wurde da gesprochen? Ich wurde vor 21 Jahren pensioniert, war u. a. sechs Jahre Kommandeur eines Pionierbataillons in Schleswig-Holstein mit zwei unterstellten Spezialkompanien ca. 1.200 Soldaten, später sechs Jahre Dozent in der Generalstabsausbildung an der Führungsakademie.

In der DLF-Sendung, an der Sie maßgeblich teilnahmen, wurde über Leerlauf, Schikanen, Kollektivstrafen, Spindordnung und Wehrpflicht lang und breit diskutiert. Es fehlten nur noch Marsch und Gesang. Das war doch schon vor 21 Jahren nicht die Bundeswehr! Ganz sicher aber heute nicht. Die Bundeswehr war und ist eine Riesenausbildungsorganisation. Mein Verband war vergleichbar mit anderen. Neben der Ausbildung im Spreng-, Sperr- und Wasserdienst waren für über 200 schwere Radfahrzeuge, 25 Amphibien, 60 Motor- und Sturmboote, modernes Faltschwimmbrückengerät, Bohrgeräte, Baumaschinen Fahrer und Bediener auszubilden. Dazu also Fahrschulen, Instandsetzungszüge, Ausbildung der Unteroffiziere, Großküche mit einem Dutzend Köchen, zum Teil in der Ausbildung, Ärzte und Sanitäter, der ganze Bereich der Logistik, des Personalwesens, der Lehrgangsorganisation, die langen Feldübungen, heute die Auslandseinsätze.

Da wird doch gearbeitet, ausgebildet, Berufserfahrung gesammelt, die später auch Tausenden von Handwerksbetrieben, Führungsetagen, Behörden zugute kommt. Die unterschiedlichsten Schulen und

Hochschulen, die Bundeswehruniversitäten führen in verschiedenen Studiengängen zum Master, die Führungsakademie qualifiziert die oberen 8/9 % eines Jahrgangs zu Spitzenverwendungen, Tausende von hochqualifizierten Feldwebeln stehen täglich ihren Mann. Und dann unterhält sich der Deutschlandfunk 69:50 mit einem Kenner wie Sie es doch wohl sind über Spindordnung und Kollektivstrafen! Und das bei einer rechtlichen Absicherung des Soldaten, die ihresgleichen sucht. Sogar nach Kadavergehorsam heute fragte der Moderator.

Fehler wurden und werden auch in der Bundeswehr gemacht, zahlreich und täglich. Es gibt auch Schikane und Leerlauf. Aber nennen Sie mir die Großorganisation, den Betrieb, die Bank, den Konzern in dem es die nicht gibt. Wahrscheinlich würde die Bundeswehr bei einem Vergleich gut abschneiden.

Hauptfähigkeit der Bundeswehr war schon zu meiner Zeit, aber spätestens heute die Kriegstüchtigkeit. Das schafft besondere Bedingungen, die aber unverzichtbar sind.

Natürlich kann die Armee kein Debattierclub sein. Wer das möchte, soll nicht zur Bundeswehr gehen. Befehl und Gehorsam gehören zur Substanz von Streitkräften. Aber schon zu meiner Zeit konnte ein Unteroffizier seine Gruppe nur eine kurze Zeit aus Amtsautorität führen. Eine Kompanie, ein Bataillon war nur durch Überzeugungskraft, Information, Fürsorge, Respekt und Beispiel zu guten Leistungen zu motivieren.

Sie sprechen doch sicher mit den jungen Zugführern und Chefs, die aus Afghanistan zurückkommen und wissen was läuft. Warum widersprechen Sie nicht der oberflächlichen, populistischen Gesprächsführung des Herrn Roehl, sondern lassen die Sendung so seicht dahinplätschern?

Mit freundlichen Grüßen
G. L.

*

G. L. Hamburg, im März 2015

Hybrider Krieg (Merkzettel)

zu „BÜRGER u. SOLDAT“ S. 229

Der hybride Krieg ist der Krieg des 21. Jahrhunderts. Er ist die Herausforderung des Westens, die Nagelprobe des demokratischen Rechtsstaates. Noch nie waren offene Gesellschaften so angreifbar wie heute. Russland gibt in der Ukraine zurzeit einen Vorgeschmack.

Im hybriden Krieg werden Soldaten der Bundeswehr endgültig Teil einer ganzheitlichen Abwehr, in der wie nie zuvor die staatlichen und gesellschaftlichen Kräfte kooperieren, wenn sie überleben wollen. Zivil-Militärische-Zusammenarbeit (ZMZ) meiner Zeit war da nur eine milde Vorstufe.

Neben hybrider Kriegsführung, auch im NATO-Gebiet, gehören weltweite Einsätze im Auftrag der UN und in allen Formen des Krieges zu den jederzeit möglichen Einsätzen der Bundeswehr. Dazu müssen die Stabsoffiziere Fachleute ihres militärischen Handwerks sein, die zivilen Strukturen kennen, mehrsprachig, diplomatisch geschult, in internationaler Zusammenarbeit erfahren und vom Sinn ihres lebensgefährlichen Einsatzes überzeugt.

Nur eine geeinte EU ist den Herausforderungen gewachsen, bei den großen Operationen sind die USA unverzichtbar.

Ein Brief nach Seoul.

Hongkyu Kim, südkoreanischer Oberstleutnant aus Seoul, war 1974/75 Teilnehmer am Generalstabslehrgang A an der Führungsakademie der Bundeswehr in Hamburg-Blankenese. Außer ihm noch 16 Offiziere aus allen Kontinenten und vier deutsche Offiziere als Tutoren und Lehrgangsteilnehmer. Ich war einer von ihnen. Es war ein außerordentliches Jahr mit vielen ungewöhnlichen Eindrücken und bewegenden Begegnungen. Jeden Morgen versammelten sich Spitzenoffiziere aus Japan, Südkorea, Nepal, den Philippinen, Persien, Sudan, Tunesien, Algerien, der Schweiz und Brasilien mit ihren deutschen Kameraden in einem Hörsaal der deutschen Führungsakademie. Unsere Gäste hatten auf der Sprachenschule in Hürth sechs Monate Deutsch gelernt, lernten in Hamburg deutsche militärische Führung von Großverbänden und auf Reisen durch die Republik unser parlamentarisches System, den freiheitlich demokratischen Rechtsstaat kennen. Wir arbeiteten 12 Monate täglich zusammen. Ein faszinierendes Jahr. Freunde für Deutschland in einflussreichen Stellungen nach Rückkehr in ihre Heimatländer.

Hongkyu gehörte dazu. Es entstand zwischen uns eine wachsende Freundschaft. Er war oft unser Gast in Nahe und die Verbindung hält bis heute. Ich schickte ihm mein erstes Buch „Bürger und Soldat – Innere Führung hautnah – 1956 - 1993"

Hamburg, 22. Mai 2015

Lieber Hongkyu.

Nun hatte ich mich doch entschlossen, ein Buch zu schreiben über meine Dienstzeit. Auch weil Du auf Seite 48 namentlich genannt bist, möchte ich es Dir schicken. Aber auch darüber hinaus wird Dich das Buch, die Summe aus dem Leben Deines Freundes als deutscher Berufsoffizier in den Friedensjahren zwischen 1956 und 1993 interessieren.

Ich schreibe mit Schwerpunkt über die Einfügung der Bundeswehr in den gerade gegründeten demokratischen Rechtsstaat und die Führung von Soldaten, Staatsbürgern in Uniform, in einer Parlamentsarmee. Ich schreibe weniger über Ausbildung und Einsatz.

Ich hoffe, dass Du Dich auf der Seite 48 richtig gewürdigt findest und dass Dir das Buch gefällt.

Wir beobachten mit Sorge die labilen weltpolitischen Verhältnisse, besonders natürlich im Nahen Osten, den arabischen Ländern und das Wüten der Islamisten und die Auswirkungen auf Europa und den vernetzten Globus. Deutschland geht es wirtschaftlich und in seiner inneren Stabilität ja immer noch glänzend, doch das Eis wird dünner. Die große Koalition mit ihrer erdrückenden parlamentarischen Mehrheit neigt zur Bequemlichkeit, statt die notwendigen Weichen in die Zukunft durchzusetzen. Ungewohnte Streikwellen kleiner Schlüsselgewerkschaften lähmen Mobilität und Güterfluss, beschädigen den gesellschaftlichen Konsens und zeugen von wachsendem Denken in Eigennutz und Egoismus, statt in Gemeinschaftsinteresse und Verantwortung.

Der Krieg in der Ostukraine zwischen Russland und der Ukraine bedroht die Sicherheit des EU/NATO-Gebietes. Russland führt seinen Kampf um Reputation als Großmacht nach Verlust des Sowjetimperiums mit allen Mitteln, man spricht vom hybriden Krieg, in dem keine Regeln wie Völkerrecht mehr gelten und Propaganda und Erpressung sind hemmungslos.

Unsere auch international hoch angesehene Kanzlerin fliegt als Feuerwehr von einem Brandherd zum anderen, macht mir einen sehr erschöpften Eindruck, was bei dem zähen Brei der Politik und den Rückschlägen und minimalen Erfolgen mich nicht verwundert. Aber oft fehlt sie in der Innenpolitik.

Dennoch, lieber Hongkyu: Krisen gab es immer, wir haben ja, Gott sei Dank (noch?) keinen Krieg und leben in großem Wohlstand.

Herzlich nach Seoul G.

*

Antwort auf den Bericht eines Freundes aus der Top-Etage der Bundeswehr.

Hamburg, 16. Juli 2015

Lieber Hendrik.

Gerade habe ich meine Kiste zugeklappt. Ich hatte schon gestern Morgen meinen „Zweitling" anfangen wollen von Großeltern u. Enkeln, nicht sehr originell, aber selbst erlebt. Doch da stand noch Dein kameradschaftliches Angebot: „ …, wenn Du Lust hast … 60 Seiten „und meine Antwort: „Ich werde sie demnächst lesen."

Eigentlich störtest Du, denn ich war, wie das so ist u. wie Du bestens selber weißt, in den letzten Wochen innerlich warm gelaufen, Formulierungsübungen bewegten meinen Kopf u. ich wollte losschreiben. Auch die Nacharbeit für mein Buch war eigentlich abgeschlossen, die Segeberger Zeitung will noch eine größere Rezension bringen, aber mein zweites Buch soll auf die Schiene, das dritte wird ein Fotobuch werden.

Aber da war noch Dein Text. Du warst der Erste gewesen, der sehr freundschaftlich mein Buch gekauft, gelesen u. mir einen schönen Glückwunsch geschickt hattest. Also Hendriks Soldatenleben lesen, danke sagen u. „Großeltern ..." anfangen. Soviel zur Lage gestern Morgen.

Dann habe ich Deinen Lebensbericht mit wachsendem Vergnügen zunächst u. wachsendem Respekt im Folgenden gelesen. Du schreibst über eine Welt, von der ich als Mann der Truppe von Verstand u. Beobachtungsgabe wusste, die ich aber nicht kannte. Eine eindrucksvolle Welt, auch aufregend für den Leser wie mich und beruhigend zugleich, weil Dein beruflicher Lebensweg bestätigt, dass man in dieser Armee, wenn man mit seinen Talenten gut umgeht und durch großen Fleiß, Zielstrebigkeit u. Charakterfestigkeit in höchste Positionen aufsteigen kann, ohne sich zu verbiegen u. ohne irgendwelchen Speichel zu lecken. So habe ich es in meiner eigenen, viel flacheren „Karriere" auch erlebt und war's zufrieden, wie es meinen Talenten u. Ambitionen entsprach.

Unsere Frauen waren dabei unverzichtbare Partnerinnen, wenn

es gelang. Du hast das in Deinem Bericht nicht vergessen.

Dein Text ist ein Zeitdokument und sollte nicht in der Schublade verschwinden. Ob er für eine allgemeine Veröffentlichung geeignet ist, das wirst Du lange entschieden haben. Du beschreibst ja sehr persönlich und aus Deinem Erleben und Deiner Sicht den inneren Bereich des Organismus Bundeswehr, nach dem Durchmarsch von unten, Deinen nationalen u. internationalen Verwendungen, eben den Bereich, wo die Luft dünn ist und die Agierenden besonders sind von Bedeutung und Person und Du scheust das kritische Urteil nicht.

Ich hatte nicht nur Vergnügen an Deiner Kunst der knappen Formulierung, an Deinem zupackenden Urteil ohne taktierende Schonung, am Vorwärtsdrängen der Aktion, sondern auch an Deiner liebevollen Fürsorge für Anvertraute und Freunde. Der flotten, nicht selten spöttelnden, mitunter selbstverliebten Jagd durch die ersten Jahre folgten die Berichte aus dem Olymp, wo sehr deutlich wurde, dass nur harte Arbeit, Umsicht, Standfestigkeit und Talent den Erfolg der Großorganisation Bundeswehr ermöglichten. Und den Einfluss der menschlichen und zwischenmenschlichen Qualitäten verschweigst Du nicht.

Deine Distanz zu „großen Tieren", Dein Humor, auch an Dir selbst, Dein Sarkasmus in so manchen Formulierungen, aber auch Deine, mit Verlaub, mitunter schnoddrigen Formulierungen wie „… von dort komme Gottes Wort" haben mich oft spontan zum Lachen gebracht.

Du siehst, ich habe die Großeltern und die Enkel ganz vergessen und mit Vergnügen, Gewinn u. Hochachtung Hendriks Soldatenleben gelesen. (Nun keine Sorge: Ich weiß Leistung zu schätzen, erstarre aber nicht in Anbetung.)

Dies noch: Internationalität u. Erfahrungsreichtum in Deiner Laufbahn, die vielleicht nicht repräsentativ, aber auch nicht ganz untypisch ist, zeichnet Führungsspitzen unseres Berufs wahrscheinlich auch vor zivilen Karrieren aus.

Lieber Hendrik. Mein Buch passt m. E. gut zu Deinem Text. Du schreibst über Befindlichkeiten, Begegnungen u. Personal aus dem Dschungel der Top-Etage u. Deinen Weg dadurch. Ich aus dem ruhigen Fluss im Parterre, in dem ich in unglaublicher Freiheit und meist ohne Druck meine Gedanken entwickeln und in meiner überschaubaren Welt umsetzen konnte. Wir haben beide dieses Haus freiwillig gewählt und unsere jeweilige Bestimmung gefunden. Nun schauen wir gelassen zurück.

Zum Schluss. Vom Tod des General P. habe ich spät erfahren. Sonst hätte ich bei seiner Beerdigung nicht gefehlt. Als Divisionspionierführer hatte ich besonders am Anfang gewiss nicht seine ganze Zustimmung. Als Brigadekommandeur hat er dann in einer Öffentlichen Vereidigung unter Nennung meines Namens aus einer meiner Plöner Vereidigungsansprachen zitiert. Wir wurden sein liebstes VKK, er sagte, es sei das beste der Bundeswehr. Das mag Dich nicht kränken, es musste ja nicht wahr sein. Er gehört zu den leuchtenden Gestalten auch in meiner Erinnerung.

Mit Dank für die so interessante Lektüre, herzlich Dein G.

*

Ein Brief nach Seoul

Hamburg, 20. Dezember 2015

Lieber Hongkyu.

Das war eine Überraschung Hongkyu, als Du am Telefon warst. Einen Moment habe ich gebraucht, um zu begreifen, dass da ein Freund von der anderen Seite des Globus mit mir sprach. Es war immer klar, dass ich Dir ein Exemplar des Buches schicken würde. Inzwischen ist es ja schon neun Monate auf dem Markt, zunächst mit kleiner Werbung und Auflage, guter Resonanz in Fachkreisen, einer mittelgroßen Rezension in „Die Bundeswehr“ und einer sehr ausführlichen in der „Segeberger Zeitung“. Nun hat das „Zentrum Innere Führung“ in Koblenz 200 Exemplare beim Verlag bestellt, „für die Lehre“ und das ist ein kleiner Durchbruch.

Mit Niklas und Ruben, unseren beiden Enkeln, waren wir im Oktober wieder eine Woche auf Reisen, diesmal im Schwarzwald (D) und Elsass (Frankreich). Neben vielem anderen haben wir versucht, ihnen die wechselvolle deutsch/französische Geschichte nahezubringen und waren dazu auch auf den Schlachtfeldern des 1. Weltkrieges in den Vogesen.

Ihr werdet wie wir die Ereignisse der internationalen Politik verfolgen. Flüchtlingsbewegungen hat es in allen Jahrhunderten gegeben, doch was im Nahen Osten in diesen Monaten in Bewegung geraten ist, ist schon außergewöhnlich. Fast eine Millionen Flüchtlinge in 2015 sind für Deutschland eine außerordentliche Herausforderung. Nebenbei brennt die EU an allen Ecken, Griechenland und der Euro, England zwischen Bleiben und Gehen, Ungarn, Polen und andere auf dem Weg in antidemokratisch nationalistische Strukturen. Und Russland führt in der Ukraine einen hybriden Krieg. Eine spannende Lage, eine Lösung wäre wohl die Quadratur des Kreises und dennoch muss sie täglich versucht werden. Wir sehen unsere Kanzlerin mit Respekt und auch Bewunderung agieren, nüchtern, konzentriert und führungsstark.

Die Bundeswehr mit sechs Tornados, einem Tankflugzeug und dazu 200 Soldaten nun auch über Syrien, mit 900 Mann immer noch in Afghanistan und mit kleinen Kommandos an einem Dutzend anderen Krisenherden. Wir Deutschen haben uns vor 25 Jahren mühsam auf den Weg in die internationalen Einsätze gemacht. Wir hatten uns gut daran gewöhnt, dass Frieden herrschte und die anderen Krieg führten, auch für unsere Sache. Nun stehen unsere Soldaten neben hemdsärmeligen US-Amerikanern, kriegsgewohnten Engländern und Franzosen und möchten sein wie diese. Zu Hause eine weitgehend uninteressierte, ja pazifistische Gesellschaft. So knirscht es noch an vielen Stellen. Vielleicht erwarten wir immer alles zu schnell. Es wird werden.

Lieber Hongkyu, liebe Chunja. In Gedanken sind wir oft bei Euch in Korea und bei Eurem Besuch in Nahe. Wir werden in diesen Tagen Euren Weihnachtsbrief bekommen und hören, wie es Euch geht. Wir wünschen Euch sehr schöne Festtage und freuen uns immer, wenn wir von Euch hören. Sehr herzlich

Euer G.

*

Oberst Rainer Buske las auf der Leipziger Buchmesse im März 2016 für den Miles-Verlag aus seinem Buch „KUNDUS“. Wo vorher mäßiger Andrang war, war diesmal die kleine Lesebox mit ca. 150 Zuhörern gänzlich überfüllt. Das Thema bewegte die Menschen. Konzentrierte Spannung. Als der Oberst zum Schluss seine Bilanz zog: „Es hat sich nicht gelohnt.“ brauste der Beifall auf.

Hamburg, 10. April 2016

„KUNDUS“ eine Buchbesprechung

Kundus 2008. Oberst Buske beschreibt seinen Einsatz als Kommandeur des PRT Kundus in Afghanistan. Zunächst sechs und bald darauf erneut für drei Monate. Zunächst mit ca. 400 Männern und Frauen, dann schließlich mit ca. 800. Mehrere Kontingente, also mehrfacher Personalwechsel. Das Feldlager in Kundus. Gemeinsam mit afghanischen Soldaten und afghanischer Polizei verantwortlich für die Sicherheit von zwei Provinzen, eine Fläche so groß wie Rheinland-Pfalz und das Saarland zusammen.

B. beschreibt seine Vorbereitung, die Situation und Aufgaben seiner Soldaten, die politische Lage und seine afghanischen Partner, die mangelnde Kooperation der deutschen Ministerien, er beschreibt seinen Auftrag und hinterfragt den Sinn des Einsatzes.

Sein Auftrag verlangt Einsatz und Kampf, für den Oberst selbstverständlich. Als zwei Soldaten fallen, wird ihr Tod das Trauma seines Lebens. Zu sensibel für den Krieg? Zu wenig Distanz als Führer im Kampf? Zu viel deutsche Nachkriegsbewältigung in den Genen?

B. ist Soldat mit Leib und Seele. Er lebt seine Rolle als Vorgesetzter und Führer mit allen Fasern, in jedem Augenblick. Nicht eitel, sondern aus Verantwortung. Nach sechs Monaten ist er müde, nach neun Monaten fertig, körperlich und mental. In Weltkriegen haben auch deutsche Kommandeure Jahre durchgehalten. Es ist wohl die wachsende Erkenntnis der Sinnlosigkeit des Auftrages, des ungeheuren Widerspruchs zwischen denen im fernen, satten und gleichgültigen Deutschland, die seine Männer und Frauen in den Krieg am Hindukusch schicken, ohne zu wissen, was sie tun und dem Leben und Tod seiner Soldaten, für die er verantwortlich ist. Es ist wohl dieses Fass ohne Boden, das ihn zermürbt.

Am Anfang des Buches befürchtete ich eine Abrechnung aus Frustration. Auch die öffentliche Beurteilung seiner Stabsoffiziere gefiel mir nicht. Es ist aber eine Aufrechnung aus Verantwortung geworden, ohne Rücksicht, ehrlich bis auf die Knochen, auch besonders sich selbst gegenüber. Hier liegt die Seele blank. Irgendwann hatte B. sich wohl entschlossen, Klartext zu reden, aus Verantwortung für seine Soldaten und für die, die nach ihnen in den Krieg geschickt werden.

Das Buch ist keine rührselige Geschichte. B. schreibt knapp, immer das Wesentliche, keine Seite zu viel und weitgehend mit Distanz. Klare Analyse, voller Überblick. B. hat das Herz für seine Soldaten, aber den Kopf zum Denken. Die Darstellung und Beurteilung der afghanischen Verhältnisse, also des Feldes, in dem er kämpfte, ist kenntnisreich und ernüchternd für jeden, der noch Illusionen hat und auch für jeden Nachdenklichen, der nach Lösungen sucht.

Oberst Buske schont sich selbst nicht. Dabei bleibt er durchgehend konstruktiv, stets mitverantwortlich für das Ganze. Selbstbewusster Bürger und Repräsentant eines demokratischen Rechtsstaates, gewohnt, die Lage zu beurteilen, Entschlüsse zu fassen und sie in die Praxis umzusetzen. Er wartet nicht auf die Entscheidung anderer, er entscheidet selbst, ohne die Ordnung zu verletzen.

Seine Vorschläge für Verbesserungen sind so nüchtern und fundiert wie die konsequente Führung seines Verbandes. Für die Härte der Einsätze gewinnt er zuerst die Herzen seiner Soldaten. Tief bewegend die Zeichen ihres Vertrauens. Hinreißend die Auftritte der KUNDUS ROCKETEERS. Was die bedeuten, versteht nur der, der wenigstens eine Ahnung hat von der Herausforderung der bundesrepublikanischen deutschen Soldaten im Krieg in Afghanistan und von den Beziehungen von Soldaten zu ihren Zugführern, Chefs und Kommandeuren.

„KUNDUS“ hat das Zeug zu einem Klassiker. Ihn zu verbreiten erfordert Verstand und Mut der Entscheider in der Bundeswehr. Es ist zu befürchten, dass sie das nicht leisten.

Dem Oberst Reiner Buske sei Dank und Respekt gesagt.

11 Briefe zur Offiziersausbildung heute

Im März 2017 wurde in der Bundeswehr eine Terrorzelle entdeckt. Ein Oberleutnant der Deutsch-französischen Brigade hatte sich eine Pistole beschafft und reichlich Munition aus Bundeswehrbeständen. Er hatte sich darüber hinaus als syrischer Flüchtling registrieren lassen und einen Flüchtlingsstatus erschlichen. Eine Liste von Attentatszielen wurde bei ihm gefunden, an deren Spitze der Bundespräsident. Weitere Offiziere waren offenbar in das Komplott verstrickt.

Über das Thema wurde in den Medien breit berichtet und kommentiert. Das Verteidigungsministerium verstärkte die Suche nach rechtsradikalen Aktivitäten in der Bundeswehr und verbot alle Erinnerungsstücke, Bilder und Texte in seinen Gebäuden. Die Ministerin sprach von einem Haltungsproblem und einer Führungsschwäche in der Bundeswehr. Die Wirkung in der Bundeswehr gegen die „Überreaktion" der Ministerin war deutlich. Das Vertrauensverhältnis zu ihr litt Schaden.

Mit diesen Ereignissen brachen lang anstehende und ungelöste Fragen wieder auf: Die Fragen nach dem Selbstverständnis, nach Wehrmacht und Tradition und der Rolle der Streitkräfte in Staat und Gesellschaft. Auch nach 60 Jahren wird um „Innere Führung" gerungen, auch sechs Jahre nach Aussetzung der Allgemeinen Wehrpflicht ist der „Staatsbürger in Uniform" tabu. Junge Offiziere suchen neue Wege.

Klaus schickte eine Mail an einen kleinen Kreis engagierter Kameraden: „Was meint Ihr dazu?"

Es begann ein Gedankenaustausch zu Themen, die auch uns begleitet hatten, aber nun unter ganz neuen Bedingungen zu beantworten waren. Die meisten von uns sind seit 25 Jahren pensioniert. Aber der Soldatenberuf ist eine Passion auf Lebenszeit. Wir haben die Bundeswehr aus ihren Anfängen 1955/56 über die Integration der ehemaligen Volksarmee der DDR bis in die ersten Auslandseinsätze gestaltet. Offiziere, die wir ausgebildet und geprägt haben, haben die Weiche in die neue Bundeswehrzeit, die Armee im Einsatz, gestellt. Wir Ehemaligen begleiten die Entwicklung der Bundeswehr und ihre jungen Offiziere im Einsatz mit Aufmerksamkeit und Empathie.

Je intensiver der Gedankenaustausch wurde, umso klarer wurde mir, dass Veränderung Not tut. Für mich persönlich war der Disput ein Prozess, in dem sich viele Überzeugungen festigten, andere sich neu ergaben. Weniges würde ich heute mit zweieinhalb Jahren Abstand korrigieren. Nur eins: Im 5. Brief lehne ich die Einbindung einzelner Soldaten der Wehrmacht in die Tradition der Bundeswehr ab. Das ist ein Irrtum. Wir nennen stolz die Namen des militärischen Widerstandes und es gab noch andere, die tapfer, vorbildlich, auch unter Einsatz des eigenen Lebens, zu Recht und Menschlichkeit standen.

Aus meinen Beiträgen habe ich 11 Briefe ausgewählt. Der 11. erschien auch im „Jahrbuch Innere Führung 2017". Ein vertiefender Text wurde im „JB IF 2018" gedruckt. Die Briefe sind chronologisch geordnet, stehen im engen thematischen Zusammenhang, aber dennoch jeder für sich. So waren einige Wiederholungen nicht zu vermeiden. Einige Namen wurden geändert.

Der Beruf des Soldaten in Deutschland hat aus Geschichte und Auftrag seine ganz besondere Ausprägung. Ich hoffe, dass ein Bild des Offiziersberufes in den Bedingungen dieser Republik, den Herausforderungen der Einsätze, den ethischen Eckpunkten und den Folgerungen aus der Geschichte entstanden ist. Natürlich schreibe ich aus den Überzeugungen meiner Offiziersgeneration, aber sehr wohl in dem Bemühen, der neuen Lage gerecht zu werden. Die Eckwerte, Auftragsrahmen, Parlamentsarmee/Kontrolle, Bindung an die Werte der Verfassung bleiben konstant.

Hamburg, im November 2017

11 Briefe – Vorwort

Natürlich ist die Bundeswehr keine demokratische Armee, sondern eine Armee in der Demokratie. Sie ist hierarchisch organisiert, sie funktioniert durch Befehl und Gehorsam und sie hat Geräte und Waffen für den Einsatz. Die Soldaten werden daran ausgebildet, um sie, wenn das Parlament es beschließt, im Krieg mit bestmöglicher Wirkung einzusetzen.

Ausbildung und Erziehung des Soldaten haben vom ersten Tag an das Ziel, den Einsatzentscheidungen des Parlaments zu vertrauen und den Befehl zum Einsatz weltweit oder zur Verteidigung des Bündnisgebietes mit aller Kraft zu befolgen.

Diese Einsätze sind nicht immer, aber oft der brutale Einsatz militärischer Gewalt. Über Kontinente ferngesteuerte Fluggeräte töten gezielt Menschen, weitreichende Artillerie zerstört Infrastruktur und tötet und verletzt Menschen ohne Kontrolle vor Ort, ob Schuldige oder Unschuldige, Kinder und Alte getroffen werden, Pazifisten oder Krieger. Minen und Sprengfallen bedrohen jeden Schritt. Der Kampf Mann gegen Mann ist die besondere Herausforderung.

Die entschlossene Präsenz von Soldaten kann Krisengebiete stabilisieren, Zivilbevölkerung schützen, Frieden ermöglichen. Militärischer Einsatz kann Völkermord und Gewalt beenden. Oft sind gut geführte Streitkräfte im Dienste der UNO die letzte Rettung für geschundene Zivilbevölkerung. In der Bündnisverteidigung sind eigene Streitkräfte die Voraussetzung für gleichberechtigte Mitgliedschaft.

Der militärische Führer trägt Mitverantwortung für diese Einsätze und ihre Folgen. Oft handelt er in fremden Kontinenten, in fremden Kulturen, in unübersichtlichen politischen oder militärischen Lagen. Passiv zu bleiben ist ihm selten gestattet. Auftrag, Aufklärung, Entschluss und Aktion charakterisieren sein Handeln.

Die Würde dieses besonderen Berufes im demokratischen Rechtsstaat besteht in der Bereitschaft, sich den parlamentarischen Entscheidungen anzuvertrauen aus der Überzeugung, dass weder Landes- und Bündnisverteidigung noch internationale Friedenspolitik erfolgreich ohne Soldaten möglich sind. Sie gilt dem eigenen Land zur Wahrung seiner Souveränität, dem Bündnis um Schutz seiner Mitglieder, der UNO zum Schutz von Hilflosen vor Völkermord, Vertreibung und Versklavung.

Die selbstverständlich zu erwartende Gegenleistung ist verantwortungsvolle Politik, zuverlässige Information, bestmögliche Ausrüstung und Ausbildung, angemessene Versorgung, mediale Unterstützung, Wissen um die besondere Herausforderung des Soldaten im Einsatz und zuverlässige Solidarität bei schwierigen militärischen Entscheidungen mit ungewollten Wirkungen.

Die Soldaten nehmen aktiv als Bürger am politischen Entscheidungsprozess teil, mischen sich mit ihren Kenntnissen und Erfahrungen ein. Oft sind sie die besten Kenner der Verhältnisse und Möglichkeiten in Krisen- und Kriegsgebieten. Sie sind Bürger unter Bürger und dienen mit ihrem ganz besonderen Einsatz der Sicherheit und dem Frieden ihres Landes.

Hamburg, im Mai 2017 (1)

Liebe Freunde.

Bundeswehr – die frühen Jahre

Nun also die Bundeswehr im Fokus. Wir sind lange raus, haben mehr Erinnerung als Kenntnisse, heute mehr Eindrücke als Wissen.

Dennoch: Die Bundeswehr war nie ein Spiegel der Gesellschaft, nie in ihrer Mitte. Offiziere und Unteroffiziere waren weit überwiegend konservativ, systemkonform, staatstragend, linkskritisch. Das war unvermeidlich, ja logisch und in Ordnung. Die „Linken" meldeten sich nicht als Zeit- und Berufssoldaten und die Wehrpflicht verweigerten die meisten von ihnen. So stand die Bundeswehr immer „rechts" im Gesamtspektrum unserer Gesellschaft.

Die Ablösung von der Wehrmacht war ein langer und schmerzlicher Prozess. Unvermeidlich. Die Vorgesetzten der frühen, prägenden Jahre kamen alle von dort.

Nicht alle fanden zu der Einsicht, willentlich oder durch die Umstände gezwungen, einem verbrecherischen System gedient zu haben.

Die frühen Jahre waren auch ein heftiges Suchen nach dem Standort. Karst, Schnez, „Leutnante 70", Verachtung und Verhöhnung der Baudissinschen Reformen, Glorifizierung der Wehrmacht und Zurückweisung ihrer Beteiligung an den Verbrechen, z. B. an der Zivilbevölkerung in Polen, an den russischen Kriegsgefangenen und der Shoah. Der weiße, unbefleckte Schild der Wehrmacht. Dies Denken gibt es auch heute noch.

Der Traditionserlass von 1982 setzte einen Schlusspunkt, zumindest offiziell: „In den Nationalsozialismus waren die deutschen Streitkräfte teils schuldhaft verstrickt, teils wurden sie schuldlos missbraucht. Ein Unrechtsregime wie das 3. Reich kann Tradition nicht begründen." Die Wehrmachtsausstellung von 1995 war dann noch einmal ein schmerzlicher Paukenschlag. Bei aller berechtigten Detailkritik: Im Kern zeigte sie die historische Wahrheit.

Dennoch: In unserer Zeit waren die Bundeswehr und die allermeisten Soldaten nicht nationalistisch, geschweige denn nationalsozialistisch, nicht wehrmachtsnostalgisch geschweige denn revanchistisch. Die allermeisten Offiziere und Unteroffiziere waren ihrem Eid entsprechend republiktreu, leisteten vorbildliche Arbeit, waren „immer im Dienst" und tauchten unter im „Getto Bundeswehr". Die wenigsten engagierten sich in ihren Kommunen oder in anderen Bereichen von Politik und Gesellschaft. Die „Stammtische" begehrten nur auf bei Ereignissen, die störten, wie „Soldaten sind Mörder".

Die Bundeswehr war kein Staat im Staate, aber die Soldaten lebten eher neben der Zivilgesellschaft. Sie beklagten ihr geringes gesellschaftliches Ansehen und viele erwarteten vom „Staat", dass er das ändere. Vom Idealbild des Staatsbürgers in Uniform und dem Baudissinschen Postulat: „Der Offiziersberuf ist ein eminent politischer Beruf." waren die meisten weit entfernt.

Die Generalität beteiligte sich in den ersten Jahrzehnten an der Wegfindung. Graf von Baudissin entwarf im Amt Blank mit anderen (v. Kielmansegg, de Maizière, …) das wegweisende Modell der „Inneren Führung" und des „Staatsbürgers in Uniform". Karst publizierte sein Buch „Das Bild des Soldaten" mit großer zustimmender Resonanz der Truppe und warf Baudissin vor, die unsoldatische Armee zu wollen. Schnez verantwortete als Inspekteur des Heeres eine Studie mit der Forderung einer „Reform der Bundeswehr an Haupt und Gliedern". Das Baudissinsche Konzept von der „Inneren Führung" und dem „Staatsbürger in Uniform" setzte sich offiziell durch. Danach lernte die Bundeswehr-Generalität weitgehend und bereitwillig den Mund zu halten, was Öffentlichkeit und Medien auch von ihr erwarteten und wir Soldaten oft bitter bedauerten.

Einige wenige kritische „linke" Obristen und Brigadegeneräle wurden misstrauisch beobachtet und in der Bundeswehrgesellschaft eher isoliert.

Die „Innere Führung" wurde als Fahne durchgehend hochgehalten, meist mokant belächelt, oft als unsoldatisch verspottet. Die wenigsten Offiziere und Unteroffiziere verstanden sie, wussten, was gemeint war, interessierten sich für sie. So wurde sie bald und bis heute zur Ausrede für vieles, was in der Bundeswehr nicht gut lief. Ein Oberst vor 30 Jahren: „Innere Führung? So ein Quatsch! Zeitgemäße Menschenführung haben wir immer gekonnt, bei Kaisers, in der Reichswehr, auch bei Adolf, und das können wir auch heute." Einer der Sprecher der jungen Offiziere nach Rückkehr als Kompaniechef aus Afghanistan: „Innere Führung taugt nicht für eine Bundeswehr im Einsatz. Sie ist ein Konzept für Friedenszeiten." Meine Frage an ihn: „Was ist Innere Führung für Sie?" Seine Antwort: „Das ist es ja, ich weiß es nicht! Jeder sagt mir etwas Anderes." Ein General kürzlich bei Maybrit Illner: „Innere Führung ist Führen mit Auftrag im Unterschied zu anderen Armeen, in denen nach Befehlstechnik geführt wird."

„Innere Führung" ist die Lehre von der Eingliederung der Bundeswehr in den demokratischen Rechtsstaat. Die Streitkräfte unterliegen der Verfassung in jeder Hinsicht und der Soldat bleibt Bürger mit allen Rechten und Pflichten. Also: „Parlamentsarmee" und „Staatsbürger in Uniform".

Herzliche Grüße Euer G.

*

Hamburg, 19. Mai 2017 (2)

Liebe Freunde.

Eckpunkte zur Abstimmung

1. Der Offiziersberuf ist kein Beruf wie jeder andere. Neben Achtung der Verfassung und deren Werte und der Bereitschaft und Fähigkeit Menschen zu führen, erfordert er Wille und Kraft, in die Gefahr hinein zu handeln, zu zerstören, ggf. zu töten. Dies gilt ganz besonders für Offiziere der Kampftruppen.

Die Entwicklung von mechanisierten zu digitalisierten Streitkräften macht den Soldaten nicht zum Angestellten im Container.

Besonnenheit, Entschlusskraft und die Fähigkeit, sich auf geänderte Lagen schnell einzustellen bleiben auch in Zukunft wichtige Anforderungen an den Offizier.

Einsätze in Krisen- und Kriegsgebieten weltweit gehören heute zur Normalität des Offiziersberufes. Diese Einsätze in fremden Kulturen, oft in unübersichtlicher politischer Lage, in hybrider Kriegsführung sind für den in unserer Kultur und Zivilisation sozialisierten Soldaten eine besondere psychische Herausforderung. Traumata und lebenslange Prägungen erschweren nicht selten die Rückkehr in das „normale" Leben. Nur gefestigte Männer und Frauen sind diesen Herausforderungen gewachsen.

Für den Offizier gibt es die unterschiedlichsten Verwendungen. Maßstab ist die Fähigkeit zum Einsatz im Krieg.

2. Die Bundeswehr ist weder Spiegel der Gesellschaft noch in deren Mitte. Sie ist nicht Hort des Guten und des Wahren, sondern ein Instrument der Bundesrepublik Deutschland zum Schutz, der Wiederherstellung und der Erhaltung des Friedens im Bündnisgebiet und weltweit unter Einsatz militärischer Mittel im Rahmen des deutschen Rechts und unserer nationalen Interessen.

3. Der Nachwuchs muss aus allen Schichten der Bevölkerung gewonnen werden. Neben der Kernkompetenz, der Zustimmung zum Grundgesetz und seinen Werten und dem Willen und der Fähigkeit, Menschen in Gefahr und Krieg zu führen, sind die Zustimmung zu Uniform, militärischer Hierarchie, Waffen und Waffeneinsatz auf Befehl Berufsvoraussetzung.

4. Die Allgemeine Wehrpflicht ist eine Option für Landes- und Bündnisverteidigung. Sie ist aber ungeeignet für globale Einsätze für EU, NATO und UNO in Krisengebieten und Kriegen. Dafür werden Berufssoldaten gebraucht.

5. Innere Führung als Spiegel des Grundgesetzes und ihre Kernelemente Primat der Politik, Parlamentsarmee und Soldat als Staatsbürger in Uniform sind auch in Zukunft für deutsche Streitkräfte alternativlos.

6. Rechtsradikalismus gibt es wahrscheinlich in der Bundeswehr so viel

oder so wenig wie in Polizei, Feuerwehr und Behörden. Nur die Herausforderung an die demokratische Standfestigkeit ist in der militärischen Organisation wesentlich höher. Waffen und Uniform, Hierarchie, Befehl und Gehorsam und lebensgefährliche Gefechtssituationen erfordern durchgreifende Führung und zuverlässigen Gehorsam. Sie locken auch Rechtsgesinnte.

7. Die Rückbindung an die Wehrmacht ist gemessen an deren Bedeutung in der jüngsten deutschen Geschichte marginal. Im Offiziers- und Unteroffizierskorps der Bundeswehr ist der Prozess der Lösung von den glanzvollen militärischen Leistungen der Wehrmacht insgesamt erstaunlich gut bewältigt.

Oft gelingt es nicht, Nachfolge und Tradition zu unterscheiden.

Offiziell setzte der Traditionserlass von 1982 den Schlusspunkt: „In den Nationalsozialismus waren die Streitkräfte teils schuldhaft verstrickt, teils wurden sie schuldlos missbraucht. Ein Unrechtsregime wie das 3. Reich kann Tradition nicht begründen."

Die Rückbindung an die Nationale Volksarmee (NVA) der DDR kann ich nicht beurteilen. Sie wird bei der geringen Zahl der übernommenen NVA-Soldaten in die etablierte Bundeswehr vermutlich gering sein. Sie verdient aber aufmerksame Beachtung.

8. Die Fokussierung von Medien und Öffentlichkeit auf den rechtsradikalen Einzelfall entspricht der Sensationssucht unserer Zeit. Das Interesse wird nicht lange anhalten.

Dennoch: Öffentlichkeit und ihre Medien haben eine Kontrollpflicht gegenüber den Streitkräften. Wenn sie diese mit Maß ausüben, tun sie nur ihre Pflicht.

Natürlich ist jeder Fall von Radikalismus in der Bundeswehr konsequent zu verfolgen, zu ahnden und auszuwerten.

9. Das Desinteresse an der Bundeswehr von Medien und Öffentlichkeit in „normalen" Zeiten erzeugt bei vielen Soldaten, die Gesundheit und Leben, Partnerschaft- und Familienerhalt für die Bundesrepublik

einsetzen, Frustration, Empörung und bei manchen auch Radikalisierung.

10. Sinngebung der Bundeswehreinsätze weltweit hat für die Soldaten und ihre Angehörigen zentrale Bedeutung. Die Frage: „Was mache ich hier eigentlich in Mali, in Afghanistan?“ muss überzeugend beantwortet werden können. Parlament, Medien und Militärische Vorgesetzte sind besonders gefordert. Deutsche Soldaten sind keine Söldner.

11. Wer seine Soldaten aus einem Land der Sicherheit, des Friedens und Wohlstands in fremde Länder schickt, damit sie dort für Frieden und Völkerrecht Krieg führen, sollte sich sorgfältig um sie kümmern, sie nicht allein lassen. Einige könnten sich ihre eigene Welt denken.

Die Inspekteure sollten in den Beratungen von Fraktionen und Parlament vor den Einsatzentscheidungen gehört werden.

12. Die Streitkräfte unterliegen dem Grundgesetz in jeder Hinsicht und der Soldat bleibt Bürger mit allen Rechten und Pflichten, nur eingeschränkt, wo für die Durchführung des Auftrages zwingend erforderlich (z. B. Freizügigkeit, Befehl u. Gehorsam). Das Parlament kontrolliert (Wehrbeauftragter).

Alles Weitere leitet sich von diesem Fundament ab (Soldatengesetz, Wehrdisziplinarordnung, …). „Zeitgemäße Menschenführung“ ist nur Teilaspekt im Gesamtgebäude.

13. Die unkontrollierte Macht der global agierenden Konzerne und der digitale Durchgriff der Mächtigen über die „sozialen“ Medien untergraben die Souveränität der Staaten und Staatengemeinschaften und die Autonomie der Persönlichkeit und damit die Grundlagen unserer Demokratie.

Der Ruf nach Autorität, Vorbild und Führung wird sich verstärken.

Ob in überschaubarer Zeit das erhalten wird, was meines Erachtens alternativlos ist, also Primat der Politik, Parlamentsarmee, Bindung des Soldaten an Recht und Gesetz, hängt ab nicht zuletzt vom

Wertekanon der aktiven Offiziere und ihrem Willen, danach die Streitkräfte zu prägen.

Herzliche Grüße Euer G.

*

Hamburg, 29. Mai 2017 (3)

Lieber Philipp.

Bundeswehr und Wehrmacht

Mit Spannung habe ich Deine Kommentare zu meinen Thesen „Eckpunkte zur Abstimmung" u. Deinen Text über die „Innere Führung" gelesen. Herzlichen Dank für Antwort u. alle Anregungen. Ich teile im Kern Deine Meinung nicht.

Natürlich stehen Bundeswehr u. Bundesrepublik in einer geschichtlichen Folge zu Wehrmacht u. 3. Reich. Aber sie sind weder von ihren „Eltern" gezeugt, noch von ihrem Fleisch u. Blut, noch von ihrem Geist. Im Gegenteil: Sie sind ein gewollter Gegenentwurf.

Natürlich kamen unsere Vorgesetzten in den ersten Jahren aus der Wehrmacht. Sie hatten gerade den totalen Zusammenbruch ihrer Welt erlebt, die vernichtendste Niederlage einer deutschen/preußischen Armee in den letzten Jahrhunderten. Sie hatten willentlich oder durch die Umstände einem verbrecherischen Führer und seinen Gesellen gedient, die wenigsten im inneren, geschweige im äußeren Widerstand, die meisten gezogen, viele begeistert, viele irrend.

Unsere Ausbilder hatten eine gebrochene Biografie, mit der viele nicht zurechtkamen. Sie bauten neue deutsche Streitkräfte auf, nicht nach den Idealen der Wehrmacht, sondern nach den Werten eines freiheitlichen Rechtsstaates.

Als Offizier der Bundeswehr habe ich die operativen u. strategischen Leistungen vieler Generäle der Wehrmacht sehr bewundert. Sie haben den Respekt der internationalen Fachwelt. Da waren auch tausend Großtaten von Einzelnen aller Dienstgrade. Wir haben mit dem Klang ihrer Namen gelebt, ihre Bücher, Manstein, Guderian, Rommel gelesen. Wir hätten sie gerne zu unseren Idolen erhoben. Aber, nachdem der Nebel der Verblendung sich in Jahrzehnten langsam gehoben hat, wissen wir, dass ihre Taten auch den Raum deckten, in dem die Intelligenz der überwältigten Staaten systematisch vernichtet wurde, die Völker versklavt, Hunderttausend auch russischer Kriegsgefangene zu Tode verkamen, die europäischen Juden fabrikmäßig, wie Vieh vernichtet wurden. Das geschah in deutschem Namen, unter den Augen der Wehrmacht, oft gehörte sie zu den Tätern.

In so manchem Spind, so manchem Offiziers- u. Unteroffiziersheim hing bis gestern Erinnerung an die Wehrmacht. Die zwangsweise Entfernung der Bilder löscht die Gedanken nicht aus. Auch der Soldat will sich fühlen. Der Tatenruhm der Väter u. Großväter klingt durch tausend Filme u. Bücher. Wie gern wären wir stolz. Aber es ist ein vergifteter Ruhm. Wir sollten endlich Schluss machen mit der verbogenen Nostalgie. Sagen wir die Wahrheit u. überlassen wir 3. Reich u. Wehrmacht den Historikern. Deren Urteil ist längst gesprochen. Die deutsche Geschichte vorher und danach fast 70 Jahre in Recht u. Freiheit bieten Glanz im Überfluss. Aber der leuchtet nur, wenn wir die dunklen Taten nicht verschweigen.

Lieber Philipp. Du schreibst ausführlich auch zur „Inneren Führung“. Für einen Beruf wie dem unseren, der bei aller auch emotionalen Wertebindung auf Rationalität setzt, ist es nicht akzeptabel, die zentrale Führungsgrundlage, also „Innere Führung“, ständig im Mund zu führen, intern u. nach außen, aber zugleich sich zu weigern oder unfähig zu sein, ihn allgemein verständlich mit Inhalt zu füllen, zu sagen, was man meint, ihn zu definieren.

Da schwebt die Cloud über der Armee, ein Fetisch u. jeder baut sich seine Hütte nach seinem Gusto u. sagt: Das ist „Innere Führung“. So wurde sie zur Ausrede der Bundeswehr für so vieles, was vermeintlich oder tatsächlich nicht funktioniert: Schuld ist die „Innere Führung“. Das ist eines Führungsberufes unwürdig.

Dieser Mangel an Klarheit ist auch eine strategische Schwäche unserer Armee u. ihres Führungspersonals in ihrer internationalen Positionierung, weil sie oft nicht weiß, wo sie denn eigentlich hingehört, wo sie steht.

Es ist auch nicht die Generalität, die zu definieren hat, was „Innere Führung“ ist, sondern das Parlament, was letztlich darüber entschieden hat. Die nachgeordneten Kapitel wird man dem Fortschritt der Zeit gemäß anpassen, aber die Grundsteine sind längst festgeschrieben u. bindend. Die kurzsichtige Verkürzung der „Inneren Führung“ auf „zeitgemäße Menschenführung“, zeigt die ganze Hilflosigkeit oder Absicht, mit der man „Innere Führung“ im Nebulösen verstecken möchte.

Sehr herzlich Dein Gustav

*

Hamburg, 3. Juni 2017 (4)

Liebe Freunde.

Zu .loyal 6/2017 „Innere Führung“ oder ein „nassforscher Leutnant“

Der Chefredakteur reitet in .loyal 6/2017 einen schneidigen Entlastungsangriff für den jungen Offizier Jan-Philipp Birkhoff. Sechs Seiten bei einer Auflage von 124.000, also ca. 150.000 potentielle Leser, Reservisten der Bundeswehr und manch andere. Offenbar war der Artikel ihm eine Herzensangelegenheit. .loyal hatte Birkhoff schon in 1/2015 im Heft.

B.s Aufsatz „Führen trotz Auftrag. Zur Rolle des militärischen Führers in der postheroischen Gesellschaft“ erschien 2014 beim Miles-Verlag im sehr lesenswerten Sammelband „Armee im Aufbruch“. B. war damals Student an der Bundeswehr-Universität Hamburg, ca. 23 Jahre alt, einsatzunerfahren, aber unter dem Eindruck eines Truppenpraktikums bei einem Panzergrenadierbataillon nach dessen Einsatz in Afghanistan. Offenbar hatten die Unteroffiziere und Mannschaften ihm nachdrücklich vermittelt, dass beim Einsatz in Afghanistan vieles im Argen gelegen habe und Hauptschuld daran sei die „Innere Führung“. Die Schilderungen fielen auf fruchtbaren Boden, B. fuhr nach Hamburg zurück und schrieb seinen Aufsatz.

Er wirbt darin für eine Bundeswehr als Staat im Staate, der „Offiziersstand“ nach „mentaler Reinigung“ nur dem „kollektiven Gewinn“ verpflichtet, Kriegshandwerker, die ihre Ethik allein aus ihrer Professionalität ableiten.

Hat Marco Seliger B.s Aufsatz sorgfältig zu Ende gelesen, bevor er ihm so vehement beisprang? War sich der Chefredakteur der Brisanz dieses Aufsatzes gerade in der aktuellen Diskussion auch für den Autor bewusst? Ging er davon aus, dass die wenigsten Leser B.s Auslassungen studieren würden und er ohne Schaden seinen verharmlosenden Text über sechs Seiten ausbreiten könne?

B. beschreibt zunächst engagiert und überzeugend das Dilemma des militärischen Handelns im Krieg, beauftragt von einer „hedonistischen Gesellschaft“, der geringe Verluste wichtiger sind, als militärischer Erfolg. Er beschreibt eindrucksvoll die Rolle des militärischen Führers und die Resignation sehr vieler Soldaten, die den Sinn ihres hohen Einsatzes, z. B. in Afghanistan, nicht erkennen können. Was nun folgt, seine Lösung, ist intelligent vorgetragener Unsinn.

B. will die Streitkräfte aus dieser „hedonistischen Gesellschaft“ lösen. Er will den „Offiziersstand“ zu einem Orden machen, nur den eigenen inneren Gesetzen verpflichtet: „Der Beruf als Profession. Dies bedeutet, dass die Motivation für mein Handeln die Qualität meines Handelns selbst wird.“ Einige weitere Eckpunkte seines Modells: „Handeln nur für den kollektiven Gewinn“ – „Aussiebung unmotivierten Personals“ – „umfassende mentale Revolution“ – „mentale Reinigung des Offiziersstandes“ – „Offizierskollektiv“. – Der Schrecken ließe sich fortsetzen.

Neben dem „Gehorsam gegenüber dem Souverän“ nennt er als bindende Werte „Kameradschaft, Treue, Ehrlichkeit, Tapferkeit“. Der „Souverän“ ist nicht benannt, aber nach der Logik seiner Gedanken kann es nicht der Bundestag sein. Offenbar meint B. einen herausragenden Führer. ... „der Wille des Volkes ist oberstes Gesetz“.

Was will Marco Seliger mit seinem Artikel erreichen? Für einen jungen Kameraden eine Lanze brechen, der sich aus Idealismus, Enttäuschung und Zorn verrannt hat? Dem könnte ich folgen. Dann ist ein ernsthaftes, kameradschaftliches Gespräch erforderlich, um zu überprüfen, ob der Oberleutnant B. immer noch seine verworrenen Vorstellungen vom „Offiziersstand“ hat. Das ist wahrscheinlich längst geschehen. Oder geht es Seliger in Wirklichkeit um sein Steckenpferd „Innere Führung“ und ist der Aufsatz des Leutnant B. nur sein Vehikel, die Innere Führung vorzuführen?

„Innere Führung“ ist das Loch Ness der Bundeswehr. Das weiß auch der Chefredakteur von .loyal. Jeder hat vom Ungeheuer gehört, keiner kann es genau beschreiben, alle reden davon. Ein General vormals: „Innere Führung definiert man nicht.“ Ein Oberst vor 30 Jahren: „Innere Führung? So ein Quatsch! Menschenführung haben wir immer gekonnt, bei Kaisers, bei Adolf und heute.“ Ein Oberstleutnant a. D.: „Innerer Führung? Bla, bla, bla.“ Ein Hauptmann, zurück aus Afghanistan 2014 in .loyal: „Innere Führung ist etwas für Bundeswehr im Frieden. Für uns im Einsatz ist sie untauglich.“

Ein zentraler Begriff und so viel Widerspruch. Das ist eines Führungsberufes unwürdig. Das ist ein schweres Versäumnis der Verantwortlichen. Wie viel unsinniges, widersprüchliches, leeres Geschwätz hat die Bundeswehr im Ballast, weil ihre Führer ihre sehr unterschiedlichen Ansichten von Tradition, Vorbild, Wehrmacht, deutsches Soldatentum oder Menschenführung am besten leben können, wenn ihre Verankerung und das, was daraus folgt, nicht einfach, verständlich und bindend für jeden Soldaten definiert sind.

Und damit sind wir zurück beim Leutnant B. und seinen Problemen und bei den Soldaten in Afghanistan, von denen .loyal berichten lässt.

Dabei sind die Antworten lange vorgegeben, logisch und leicht zu verstehen: „Innere Führung“ ist zum einen die Einordnung der Bundeswehr in den demokratischen Rechtsstaat. Die Bundeswehr unterliegt den Gesetzen der Bundesrepublik, das Parlament gibt die Aufträge und kontrolliert. (Parlamentsarmee)

„Innere Führung“ legt zum anderen die Bedingungen des Bürgers als Soldat fest, seine Rechte und seine Pflichten. Die sind nur dort eingeschränkt, wo der Dienst dies zwingend erfordert, z. B. Freizügigkeit, Befehl und Gehorsam. Befehle dürfen nur zu dienstlichen Zwecken gegeben werden. Nichtdienstliche Befehle dürfen verweigert werden. Der Soldat hat das Recht auf Beschwerde. (Staatsbürger in Uniform)

Wer Recht und Freiheit verteidigen soll, dem darf man Recht

und Freiheit nicht nehmen.

Dies schützte mich als Oberstleutnant und besonders den einfachen Soldaten gestern und heute vor Willkür und Missbrauch. Denn auch die Würde des Soldaten ist unantastbar. Was anderes würde unserem demokratischen Rechtsstaat entsprechen? Was wäre anders parlamentarisch durchsetzbar? Und was anderes könnten wir als Soldaten wollen? Was von diesen Vorgaben sollte irgendeinen militärischen Einsatz schwächen? Konsequente, fordernde Führung auch in Lebensgefahr, im Krieg wird doch durch diese Eckwerte nicht behindert. Es würde nur die Ausrede für Versagen fehlen. Eine Alternative? Die Söldnerarmee.

Die Angst der politischen und militärischen Führung vor „schlechter Presse" und ihre lähmende Wirkung im Einsatz hebt die Richtigkeit der Folgerung nicht auf.

Ist es nicht für uns Offiziere an der Zeit, das allgemeine, unwürdige Stammtischgejammer über mangelnde Anerkennung zu beenden und unseren Soldaten und der „hedonistischen Gesellschaft" (OL B.) als selbstbewusste Repräsentanten eines herausragenden Berufes ein Beispiel zu geben? Wer Ruhm und Anerkennung als Krieger erwartet, hat nicht begriffen, dass er sich einem demokratischen Rechtsstaat verpflichtet hat, in dem die Medien und bewusste Bürger selbstverständlich ein kritisches Auge auf die undemokratisch, d. h. hierarchisch und autoritär geordnete bewaffnete Macht haben. Euphorie ist nicht zu erwarten, ja wäre geradezu ein besorgniserregendes Signal. Selbstbewusstsein kommt aus dem eigenen Kompass.

Wir sind Wächter und Schützer von Recht und Freiheit als Instrument eines demokratischen Staates in einer globalen Welt. Wir sind es unter dieser und glücklicher Weise keiner anderen Verfassung. Ihr allein sind wir verpflichtet. Welch ein Auftrag! Wer von „politisierenden" (OL B.) Offizieren schreibt, weiß nicht, wovon er redet. Aber wir sind Staatsbürger in Uniform und damit herausgefordert, Akteure im politischen System dieser Gesellschaft zu sein, die Meinungen haben und sich einmischen, bis die Entscheidungen gefallen sind. Wollen wir die Bundesrepublik wehrhaft, dann wird sich der Soldat den demokratischen Entscheidungsprozessen anvertrauen müssen. Das begründet die Würde unseres Berufes, unseren Anspruch an jeden Abgeordneten und unsere Pflicht, am politischen Prozess mitzuwirken.

Ohne Veränderungen würde die Bundeswehr erstarren. Die Offiziere sind Denkende und Handelnde in dieser dynamischen Organisation und sollten die wichtigsten Akteure sein. Unter dieser Verfassung aber sind zwei Prämissen vorgegeben: „Parlamentsarmee“ und der Soldat als Bürger in Uniform.

Also: Zähmen wir das Ungeheuer „Innere Führung“ und erklären dem Oberleutnant B. kameradschaftlich, was die Grundpfeiler einer Armee in der Demokratie sind.

Wenn er dennoch von seinen faschistischen Ideen nicht ablassen will, hätte er keinen Platz in der Bundeswehr.

Herzliche Grüße G.

*

Hamburg, 21. Juni 2017 (5)

Lieber Justus.

Wir haben die Jungen im Stich gelassen.

Du schreibst einen bewegenden Brief. Viele sollten ihn lesen und bedenken, vielleicht auch die Ministerin. Auch mein Vater war vom ersten bis zum letzten Tag dabei. Auch er kam Gott sei Dank mit heiler Haut zurück.

Du schreibst aus tiefem Groll und Abscheu an die Ministerin: „Sie sind die Schande der Nation!“ Das ist ein harter Vorwurf.

Nun könnte der Respekt vor den Soldaten der Wehrmacht, um deren Ehre Du kämpfst, Schweigen gebieten. Stattdessen will ich mich auf den Weg einer Gegenrede machen.

Ginge es nur um Deinen Vater, wäre Schweigen geboten. Es steht dem Sohn gut an, sich vor seinen toten Vater zu stellen, auch wenn wir tatsächlich wenig über die Gefahren und Versuchungen wissen, in denen unsere Väter in diesem Krieg gestanden haben und wie sie damit umgingen. Aber es geht ja um viel mehr: Es geht Dir um die Reputation der Wehrmacht und ihre Aufnahme in die Traditionslinie der Bundeswehr.

Das unglückliche, ja offenbar selbstsüchtige Krisenmanagement der Ministerin, die die Seele der Streitkräfte nicht begreift, ist ein (willkommener) Anlass, wieder einmal am dicken Brett Wehrmacht/ Bundeswehr/Tradition zu bohren. Das Ringen um den Weg begann schon in den 50er Jahren. Höhepunkte: Baudissin (v. Kielmansegg, de Maizière), Schnez/Karst, Wehrmachtsausstellung und schließlich heute, wo die aus den Kriegen zurückkommende neue Generation alleingelassen und auch aggressiv nach Korrektur und Klarheit des geistigen Fundamentes verlangt.

Wir haben sie im Stich gelassen. Wir haben für Klarheit nicht gesorgt. Sehr viele Soldaten in hohen und höchsten Positionen haben sich der dienstlich verordneten Linie gebeugt: „Innere Führung", „Staatsbürger in Uniform", „Traditionserlass". Sie haben diese Linie aber meist nicht akzeptiert, ließen keine Gelegenheit aus, sie lächerlich zu machen, ohne zu wissen, wovon sie reden, ohne ein alternatives Konzept, das der Verfassung dieser Republik entspricht zu entwickeln und dafür in ihrer Dienstzeit zu streiten.

So ziehen unsere Nachfolger heute in die Kriege, ohne zu wissen, wo sie hingehören. Das ist auch eine beunruhigende strategische Schwäche, die wesentlich unsere Generation zu verantworten hat. Und die Jungen suchen sich trotzig neue Wege, die aber oft nicht tragen, auf denen sie scheitern müssen.

Wir Offiziere haben einen Beruf, dem rationales Denken eigentlich nicht fremd ist. Wir können also unterscheiden zwischen den Millionen Soldaten, die in einen schrecklichen Krieg mussten und der Institution Wehrmacht. Die Wehrmacht war das Instrument einer Clique von Verbrechern. Die meisten Soldaten waren ihre Opfer. Diese Soldaten mit der Wehrmacht gleichzusetzen wäre ihre Entehrung.

Hitler wurde vom deutschen Volk gewählt, bejubelt und enthusiastisch über seine ersten Morde (Röhm-Putsch), Fritsch-Diffamierung und alle anderen Schandtaten in die Diktatur getragen. Das Ende war die Versklavung der Polen, die Vernichtung der sowjetischen Kriegsgefangenen, die Shoah, der „totale Krieg". Es wäre eines Kulturvolkes unwürdig, sich diesen Wahrheiten nicht zu stellen.

Ich wollte immer Bürger und Soldat sein. Der „Bürger" war die Würde meines Soldatseins. Als Söldner hätte ich keine Ehre gehabt. Als

Soldat der Bundeswehr habe ich immer in der Nachfolge, aber nie in der Tradition der Wehrmacht gestanden, so wenig wie ich als Bürger der Bundesrepublik Deutschland in der Tradition des 3. Reiches bin.

Lieber Justus. Du nimmst Dir das Recht, Deinen jahrzehntelangen Groll über die Zurücksetzung der Wehrmacht der derzeitigen Ministerin, die nur bedingt der richtige Adressat sein kann, in einem offenen Brief um die Ohren zu hauen. Ich nehme mir das Recht, Dir in aller Freundschaft und allem Respekt vor der Leistung der deutschen Soldaten, auch Deines und meines Vaters, zu widersprechen.

„Innere Führung“ und „Traditionserlass“ entsprechen zwingend der inneren Logik der Bundesrepublik Deutschland. Nicht deren Existenz verhindert Kampfgeist und Kriegstüchtigkeit der Bundeswehr, sondern die Weigerung sehr vieler Offiziere unserer Generation, zu begreifen was damit überhaupt gemeint ist, verhindert eine gemeinsame geistige Grundlage und dann eine konsequente Ausbildung und Erziehung zum kriegstüchtigen Soldaten.

Deutsche Soldaten haben im 2. Weltkrieg tausendfach Übermenschliches geleistet, deutsche Heerführer haben brillante Schlachten geschlagen. Aber die Wehrmacht war wissentlich und willentlich das Werkzeug einer verbrecherischen Führung. In den Räumen, die sie eroberte oder hielt wurden mit ihrem Wissen und oft auch ihrer Mitwirkung singuläre Verbrechen begangen. Wer mit dem Teufel ins Bett geht, verliert seine Unschuld. Als am 30. März 1941 in der Reichskanzlei Hitler vor über 200 Generälen und Admirälen, der Spitze der deutschen Wehrmacht, seine Richtlinien für einen verbrecherischen Vernichtungskrieg gegen die Sowjetunion ausgab, wusste jeder General Bescheid. Keiner hat Hitler widersprochen.

So kann die Wehrmacht für die Bundeswehr keine Tradition bilden. Damit wird auch die Einbindung einzelner Soldaten der Wehrmacht in die Tradition nicht möglich. Eigentlich nicht, aber ein bisschen doch? Das geht nicht. Es lohnt sich, die Rede von Richard von Weizäcker im Bundestag am 8. Mai 1985 noch einmal nachzulesen. (Internet)

So wie die Bundesrepublik Deutschland ohne die gefühlige Rückbindung an das 3. Reich hervorragend auskommt, so sollten wir Soldaten uns der Wahrheit stellen, konsequent auf den festen Boden dieser Republik und, um die Geschichte wissend, selbstbewusst nach vorne leben. Dann können auch deutsche Soldaten gelassen und selbstbewusst neben ihren alliierten Kameraden im Einsatz bestehen.

Herzliche Grüße Dein Gustav

*

Der folgende Brief (6) wurde erst am 21.01.18 geschrieben. Er ist die Antwort auf Hendriks Widerspruch vom 04.01.18 auf Brief (5) vom 21.06.17. Um den Zusammenhang zu wahren, habe ich ihn hier eingereiht.

Lieber Hendrik (6)

Betrifft meinen 5. Brief **„... Hitler wurde vom deutschen Volk gewählt, ...“**

Dein Widerspruch

Meine Aussage 1. „Hitler wurde vom deutschen Volk gewählt.“ hat Dich „entsetzt“ und Du nennst sie eine „Fundamentallüge“ aus dem Arsenal der Gehirnwäsche, mit der das deutsche Volk nach dem Krieg beglückt worden sei. Auch meine Überzeugung 2. Hitler sei vom deutschen Volk bejubelt und über seine ersten Morde (Röhm-Putsch), Fritsch-Diffamierung und alle anderen Schandtaten in die Diktatur getragen worden, nennst Du „schon keine Geschichtsklitterung mehr, das ist Geschichtsfälschung“.

Bei 1. hast Du formal recht, bei 2. wundere ich mich über Deine Empörung.

Zu 1.: Korrekt hätte es wohl heißen müssen: „Hitler kam auf legalem Wege an die Macht.“ 33,1 % sind, selbst wenn man die 8,3 % der DNVP Hugenbergs dazu rechnen würde, eben nicht eine rechnerische Mehrheit. Ich sehe sehr wohl die immer noch 20 % der SPD, die den Besessenen mit großartiger Haltung aufzuhalten versuchte. Auch die 16,9 % der KPD, auf deren Seite ich auch damals wahrscheinlich nicht gestanden hätte, deren Kampf aber schon deshalb heute meine Bewunderung hat, weil er sich gegen die brutalen Sturmabteilungen einer aufscheinenden totalen Diktatur richtete. Da waren auch noch

Zentrum und Bayrische Volkspartei.

Wer war 1932 „das deutsche Volk“? Die Kolonnen hinter den Prozentzahlen des Wahlergebnisses? Die Millionen Arbeitslose aus der Weltwirtschaftskrise, die nur Brot für ihre hungernden Familien wollten, ihre Hoffnung auf die wechselnden Regierungen der Weimarer Republik aber längst verloren hatten? Die Militärs der Reichswehr, die sich zwar als „neutral“ erklärten, sich mit der Republik nicht identifizierten, ja in geistiger Gegnerschaft standen und nach der „nationalen Erhebung“ 1933 dem Diktator begeistert und professionell die stärkste Militärmacht auf dem Kontinent schufen und schließlich, als Hitler sie im verbrecherischen Kriegsplan gegen die Sowjetunion zu Komplizen machte, nicht widersprachen, ja, als die Katastrophe offenkundig war, sich hinter ihrem Eid versteckten, den sie in anderer Form ja auch zehn Jahre vorher der ungeliebten Republik geleistet hatten?

Wer war damals „das deutsche Volk“? Die deutsche Industrie, die zwischen Reparationen und Wirtschaftskrise sich nach neuen Zeiten sehnte? Die alten Eliten, die die Niederlage von 1918 nicht verarbeitet hatten und in der Republik nur einen Übergang sahen, der zu überwinden war? Die Presse mit Hugenberg an der Spitze, die das Ende von Weimar herbeischrieb? Waren es die SA-Formationen, zuständig für Kampf, Propaganda und Unterdrückung der Opposition, fast 400.000 Mann stark am 30. Januar 1933, dem Tag der Ernennung Hitlers zum Reichskanzler? Waren es die Kirchen, die katholische, deren Bischöfe auch 1932 noch hellsichtig und tapfer vor den Nationalsozialisten warnten eher nicht, die evangelische eher wohl, die nach Ende der Monarchie kopflos und verzweifelt nach einem Führer suchte, dem dann ja auch bis 1933 die meisten Pfarrer zugelaufen waren und die Nazi-Fahnen an ihre Kirchtürme hängten? War es der Generalfeldmarschall und seine Einflüsterer, der sich formal an die Verfassung hielt, für Millionen das Symbol für die unvergessene, vom „Dolchstoß“ gemeuchelte Vergangenheit war und nie ein demokratisches Vorbild und der am 21. März 1933 wieder in prächtiger Uniform, mit Hitler als von ihm ernannten Reichskanzler, der Reichsregierung, Vertretern des Reichstages und den Spitzen der Wehrmacht in der Garnisonkirche am Grabe Friedrichs des Großen das „Hochamt“ der neuen Zeit feierte?

Wer war „das deutsche Volk“, das Hitler an die Macht brachte? Die 33,1 % waren es nicht, das ist richtig. Die SPD und KPD gewiss auch nicht. Aber die überwältigende Mehrheit derjenigen, die die Macht und den Einfluss hatten, potenzierte die Kräfte, die einen Führer wollten nach der Republik, „der Ursache allen Übels", nach den „14 schmachvollen Jahren", einen Führer für den Wechsel zur „nationalen Erhebung". Und dafür war diese Mehrheit der Deutschen 1932/1933 bereit, sich einem hemmungslosen, besessenen Agitator auszuliefern.

Das meine ich, wenn ich schreibe „Hitler wurde vom deutschen Volk gewählt". Formal hast Du recht, aber ist das die Wirklichkeit der Jahreswende 1932/33?

Zu 2. nur so viel: Wo war denn der Protest, als Hitler nach der Ermordung von Röhm, Schleicher und den anderen am 13. Juli 1934 im Rundfunk dem deutschen Volk anmaßend bekannt gab: „In dieser Stunde war ich ... des deutschen Volkes oberster Gerichtsherr."? Wie groß war der vorauseilende Gehorsam in Schulen und Universitäten, Presse und Parteien, Kommunen und Vereinen, Verwaltung und Militär sich von Deutschen jüdischen Glaubens, den langjährigen Kollegen und Kameraden zu distanzieren, sie zu denunzieren und aus den Ämtern zu drängen. Ich weiß natürlich, dass zur täglichen Gewalt bis 1938 Hitlers nach außen hin beeindruckende Erfolge kamen: sechs Millionen Arbeitslose hatten Arbeit und Brot für ihre Familien, die Wehrmacht wurde aus Hitlers Willen und der Begeisterung und Profession der Militärs die stärkste Militärmacht Europas, bei der glanzvoll inszenierten Olympiade huldigte die Welt Deutschland und seinem „Führer", im Land herrschte wieder „Ordnung". Deutschland erwache! Das riss auch die Skeptiker mit, das hatte den Respekt des Auslandes. Die Mehrheit der Bevölkerung war doch wohl wieder stolz, Deutsche zu sein, kaum Widerstand, großer Jubel. Der Boden für den Weltkrieg war gut bereitet. Es eilte, Hitler wollte sein Werk zu seinen Lebzeiten vollenden.

Die Niederlage der alten Ordnung von 1918/19 war nicht akzeptiert, das Interregnum „Weimarer Republik" erfolgreich zertrümmert und nun korrumpierte die neue Staatsmacht im Wechselbad von Gewalt und Triumph instinktsicher das Volk: SA und SS maßen sich staatliche Gewalt an und terrorisierten gesetzlos jeden Andersdenkenden. Nachbarn jüdischen Glaubens, mit denen man bis gestern die

Feste gemeinsam gefeiert hatte, wurden vom uniformierten Mob erniedrigt, verschleppt und ermordet und ihr Eigentum an die arischen Volksgenossen infam und billig versteigert. Der neuen, brutalen und protzigen Macht"elite" jubelten Millionen zu in einem Rausch von Bewunderung und Angst.

„... bejubelt und ... in die Diktatur getragen." Was ist daran falsch? Hier steht doch nicht die Frage, ob wir es besser gemacht hätten oder besser machen werden, ja nicht einmal welche Gründe alle es dafür gab. Es ist nur eine Feststellung. Oder willst Du die Elser und Scholl, die Stauffenberg, Beck und Witzleben, die Goerdeler, Galen und Niemöller zu den Kronzeugen Deines Vorwurfs der Geschichtsfälschung machen? Sie waren Helden des Anstandes und der Tapferkeit, traditionswürdig für jeden Demokraten, geistig-moralische Stolpersteine für unsere Republik. Aber es waren nur Wenige. Natürlich sehe ich die Millionen, die schweigend und in Sorge abseits standen. Aber die Millionen, die gerade in den ersten Jahren oft besinnungslos jubelten, waren erdrückend.

Lieber Hendrik. Dies ist die Beschreibung meines Bildes von dieser deutschen Zeit und meine Begründung für die Behauptungen, die Du so scharf angreifst. Es ist das subjektive Weltbild eines Nichthistorikers. Aber es ist meine gut geprüfte Grundlage als Bürger und Soldat. Ich verabscheue Diktatur, ich liebe Recht und Freiheit. Und ich halte es mit Heuss: „Wehret den Anfängen!" Ich hatte zufällig das Glück, mein Leben in einem demokratischen Rechtsstaat leben zu dürfen. Das hatten die Deutschen 1933 nicht. Dazu noch einmal Heuss aus meiner Erinnerung: Wenn morgens um drei das Klopfen an der Haustür die Gestapo sein kann, dann braucht man Helden und Heilige, um dem Bösen zu widerstehen. – Ich bin nicht Held und Heiliger und wäre, hätte ich damals gelebt, mit großer Wahrscheinlichkeit genauso verblendet, mindestens genau so still gewesen wie die meisten Deutschen.

Aber nach dem Zusammenbruch des 3. Reiches gab es für unsere Generation im westlichen Teil Deutschlands die einzigartige Chance, einen demokratischen Rechtsstaat aufzubauen. Wir Offiziere der Bundeswehr konnten daran in unglaublicher Freiheit mitwirken: wirtschaftlich gesichert, hochklassig ausgebildet, geschützt und ermutigt von einer großartigen Verfassung, beauftragt, Recht und Freiheit zu schützen und mit Amt und Macht ausgestattet. Wann gab es in Deutschland bessere Bedingungen als Bürger und Soldat sich aktiv für einen freiheitlichen Rechtsstaat einzusetzen?

Und heute, 68 Jahre nach der Gründung dieser Republik? Ich hoffe immer noch, dass den Deutschen nach schmerzvollem Suchen aus Monarchie, Weimarer Republik und 3. Reich eine politische Substanz gewachsen ist, in der politischer Anstand, Recht und Gesetz, Wahrheit vor der Geschichte und Verantwortung für das Ganze eine dauerhafte Normalität geworden sind. Die Demokratie lebt aus ihrem Geist, der Menschen antreibt, nicht aus ihren Formalismen.

Manche Details meiner Sicht mögen angreifbar sein, aber ich bin nicht bereit weiter zu sezieren und zu relativieren, relativieren bis zur Unkenntlichkeit. Das vernebelt, es sei denn, das ist die Absicht. Hitler hat die Arbeitslosigkeit beseitigt und war trotzdem ein singulärer Verbrecher. Generale der Wehrmacht haben geniale Schlachten geschlagen und haben gerade dadurch einer verbrecherischen Oligarchie und Hunderttausenden willigen Helfern Zeit und Raum verschafft, ihre Untaten zu tun.

Meine Meinung zum Ganzen und zu seinen Hauptteilen habe ich auch in den „10 Briefen“ noch einmal dargelegt. Mit meinen Ansichten habe ich auf 100 Podien für diese Republik und ihre Armee gestritten in der guten Gewissheit, das Richtige zu tun. Ich habe mir nie angemaßt, den deutschen Soldaten des 2. Weltkrieges pauschal Würde und Ehre abzusprechen. Aber die Mitverantwortung der Wehrmacht und die tragische Verstrickung der Soldaten in die Verbrechen des 3. Reiches sind offenkundig und es wäre töricht, das zu leugnen. Unserer Generation bleibt nur, daraus zu lernen.

Lieber Hendrik. Danke für Deine kritische Begleitung, Deinen Zuspruch, aber besonders für Deinen Widerspruch.

Mit herzlichen Grüßen

bin ich Dein G.

*

Hamburg, 30. Juni 2017 (7)

Liebe Freunde.

Die Hütte brennt.

Wenn man Generalmajor a. D. Trull in der FAZ vom 27.06.2017 liest, an Lt. Birkhoff denkt, dem Vorsitzenden des Deutschen Bundeswehrverbandes bei seiner Rede auf dem Empfang des Wehrbeauftragten zuhört …, dann kann man feststellen: Die Hütte brennt.

Und das ist notwendig und das ist gut so. Die Nachkriegszeit ist auch bei der Bundeswehr zu Ende, die Kriegseinsätze zwingen, die Rolle des Soldaten und seine Stellung zur Zivilgesellschaft neu zu definieren. Die Generalität muss aus dem Schatten treten, das Parlament muss aufwachen, die Ministerin wird gehen (erst nach der Wahl).

Auch ich bin geneigt, dem General Trull bewegt zuzustimmen, er kennt „das eigentliche Wesen des Soldaten", den „Ethos der Truppe" und weiß, dass man Truppe im Einsatz nicht nach den Grundsätzen eines Zivilbetriebes führen kann. Er spricht in unserem Geist und wahrscheinlich sogar im Geist vieler der jungen Offiziere und Unteroffiziere in den neuen Kriegen.

Schau ich genau hin, enttäuscht mich seine Unschärfe bei „Wehrmacht-Bundeswehr-Tradition". Wehrmacht, Teil der eigenen Geschichte? Ja selbstverständlich. Unsere Vorgesetzten kamen zunächst alle aus der Wehrmacht. So standen wir in der Nachfolge der Wehrmacht, so wie die Bundesrepublik in der Nachfolge des 3. Reiches stand. Fast alle Führungspositionen in Politik, Wirtschaft, Finanzen, Wissenschaft waren von Männern besetzt, die im 3. Reich Rang und Ämter hatten. Nun sagt aber Bundesminister der Verteidigung a. D. Volker Rühe: „Die Wehrmacht als Institution kann keine Tradition begründen." Eindeutig Ja. Rühe weiter: „… einzelne Soldaten sehr wohl." Eher Nein. Ich fände das wunderbar, aber wie soll das gehen? Im schriftlichen Porträt? Vielleicht. Im Bild? Im Film? In Wehrmachtsuniform, mit Orden u. Hakenkreuz? Mit Wehrmachtswaffen, -panzern, -flugzeugen? Kleinkarierte Fragen, ewiger Bedenkenträger? – Wenn wir es nicht zu Ende denken, es lehrbar machen, nachfragefest, dann bleibt es patriotische Emotion, schön, aber für den Praxistest untauglich.

Was meint Trull dann mit „Militärische Verbände lassen sich mit einem Federstrich auflösen, militärische Traditionen nicht.“ Welche Traditionen meint er?

Aber sonst ein Text, der Ausgang für eine große gesellschaftliche u. politische Debatte sein könnte. Wer wird sie befeuern? Die aktive Generalität? Vielleicht wacht sie auf, weil es so nicht weiter geht mit dem Zukleistern und dem Duckmäusern. Das Parlament, die Politiker? Ich habe wenig Hoffnung, sie sind noch konfliktscheuer als die Generalität, der Ministerin Untertan. Die jungen Offiziere mit Kriegserfahrung? Mögen sie auf die Barrikaden gehen!

Vor der Wahl sind die Chancen gering. Gebe Gott, dass der Atem reicht u. es kein Strohfeuer ist.

Sehr herzlich Euer G.

*

Den Hauptmann Marcel Bohnert lernte ich kennen, nachdem ich von ihm eine kritische Betrachtung der Inneren Führung und ihre Tauglichkeit für den Krieg gelesen hatte.

B. war in mehreren Einsätzen Zugführer und Kompaniechef in Afghanistan gewesen und arbeitete nun an der Universität der Bundeswehr in Hamburg als Fachbereichsleiter. Die Gespräche mit ihm und die folgende Teilnahme an verschiedenen Veranstaltungen an der HSU gaben mir Einblicke in das Denken der jungen Offiziere. B. qualifizierte sich für die Generalstabsausbildung an der Führungsakademie in Hamburg und schriebe dort 2017 seine Masterarbeit. Er ist Autor verschiedener Bücher.

Hamburg, 27. Juli 2017 (8)

Betr.: Masterarbeit Marcel Bohnert Major i. G.

„Innere Führung auf dem Prüfstand – Lehren aus dem Afghanistan-Einsatz der Bundeswehr“ Stand 07/17, 157 S.

Eine kritische Betrachtung.

Lieber Herr Bohnert.

Ihre Masterarbeit habe ich mit großem Interesse gelesen. Ich habe viel gelernt über die Überlegungen junger Offiziere der Bundeswehr mit Kriegserfahrung, die willens und in der Pflicht sind, die "Führungskultur" der Bundeswehr unter den „radikal geänderten Prämissen" gegenüber ihrer Entstehung vor 65 Jahren zu überprüfen, ggf. zu ändern oder eine neue zu entwerfen.

Sie, Herr Bohnert, gehören wahrscheinlich zu den wenigen Offizieren, die die Texte von Graf v. Baudissin aus den 50er Jahren studiert haben. So hatten Sie auch den Genuss seiner klaren und präzisen Sprache, die Sie selber besonders im Kapitel 2.1. (Konzeption der Inneren Führung) wohltuend pflegen. Die meisten Offiziere meiner Generation lehnten Baudissin reflexartig ab, ohne ihn je gelesen zu haben.

Aus Ihrer Masterarbeit sprechen Kenntnisse, großer Überblick und Vorurteilslosigkeit.

A Meine Kritik:

Innere Führung ist nicht die „Führungskonzeption" der Bundeswehr, auch keine „Führungs- oder Unternehmensphilosophie", sondern ein Wertekanon. Sie ordnet die Streitkräfte als Organisation und den Soldaten als Bürger ein in das Gefüge des demokratischen Rechtsstaates Deutschland. Konsequent nannten die geistigen Väter die Innere Führung in den 50er Jahren „Inneres Gefüge". Sie wussten, dass dies die staatlichen und gesellschaftlichen Rahmenbedingungen sind für die „Lehre von der Führung deutscher Streitkräfte in Gefecht und Operation".

Natürlich gibt es diese Führungslehre: die zentrale Vorschrift HDV 100/100 „Truppenführung" (TF). Ich kenne ihre Bedeutung in der heutigen Offiziersausbildung nicht. Aber so sehr die Grundbedingungen für das Innere Gefüge (die sog. Innere Führung) in Deutschland im Wesentlichen gleichgeblieben sind, so sehr haben sich die Bedingungen in Gefecht und Operation verändert. Entsprechend muss die „Truppenführung" angepasst oder neu geschrieben sein bzw. werden. Warum finde ich in Ihren Texten nie einen Hinweis auf die TF und nur die Auseinandersetzung mit der Inneren Führung, die für den Krieg untauglich sei?

M. E. beruht der so mühsame Umgang der Bundeswehr mit der Inneren Führung auf dieser grundlegenden Verwechselung. Wenn sie nicht beabsichtigt war, dann ist sie für einen Berufsstand wie den unseren, für den präzises, logisches Denken Grundtugend sein soll, befremdlich. So haben wir statt knapper, verständlicher und lehrbarer Führungsgrundsätze, also statt einer „Führungslehre“ einen Wust von Einzelmerkmalen mit denen der militärische Führer im Gefecht wenig anfangen kann und die den berechtigten Unwillen, Frustration und Ablehnung der Führer zur Folge haben.

Meine Offiziersgeneration hat sich schon sehr früh auf die Innere Führung als Quelle allen Übels konzentriert. Der frühe Streit der Gründungsväter zwischen Tradition und Moderne setzte sich bis heute in der Armee fort. Wir mussten unter scharfem Feuer nicht führen und kamen für die Ausbildung im Frieden, in einer sich mehr und mehr verschulenden Armee, mit der aus den Erfahrungen des 2. Weltkrieges geschriebenen HDV 100/100 „Truppenführung“ gut zurecht. Ihre Generation der Führer im Einsatz in den neuen Kriegen braucht eine neue Führungsvorschrift für Gefecht und Operation.

B In Ihrer Masterarbeit analysieren Sie die Bewährung der „Inneren Führung“ im Afghanistaneinsatz.

Sie stellen fest:

1. Innere Führung ist ein Kompromiss im Streit um die Wiederbewaffnung vor 65 Jahren in einer grundsätzlich anderen historischen Situation, gerade zehn Jahre nach einer totalen Niederlage Deutschlands. Damals wurden zur „Einhegung des Militärs“ und zur Sicherstellung des „Vorrang des Zivilen“ umfassende Maßnahmen beschlossen:

Das „Rechtsinstitut des Oberbefehlshabers“ wurde abgeschafft.

Der Generalinspekteur ist den Staatssekretären nachgeordnet.

Verteidigungsausschuss und Wehrbeauftragter wurden zur Kontrolle der Streitkräfte durch das Parlament eingesetzt.

Zivile Gerichtsbarkeit statt Militärgerichtsbarkeit.

Das Recht des Soldaten, sich politisch zu betätigen und sich gewerkschaftlich zu organisieren.

2. Die Konzeption Innere Führung ist auf den „Soldaten im Frieden“, auf eine „Friedensarmee“ ausgerichtet, mit dem Ziel, Krieg zu vermeiden. Der Soldatenberuf ist darin ein Beruf wie jeder andere.

3. Eine „Stimmigkeit der Inneren Führung mit ihrer Umwelt" (Staat u. Gesellschaft) hat es (vielleicht) vor 1990 gegeben, heute aber nicht mehr.

4. Innere Führung ist „komplex und abstrakt", „viele Elemente, kein Zusammenhang, beliebige Interpretation".

5. Eine „Kongruenz" zwischen „Militär im weltweiten Einsatz" und einer „Gesellschaft auf heimatlichem Boden" ist schwer, wenn überhaupt herstellbar.

6. Daher ist „Wesensgleichheit" Zivilberuf-Soldat, wenn überhaupt Merkmal der Vergangenheit.

7. Das „Schweigen der Generale", ihre Nichtbeteiligung am politischen Prozess ist ein Merkmal der Spitzenmilitärs bis heute.

8. Eine „mentale Ausrichtung" der Bundeswehr auf die neuen Einsätze wurde versäumt.

9. Die Konzeption Innere Führung ist „international kaum anschlussfähig".

10. Die Werbung des Ministeriums für den Soldatenberuf verschweigt den Einsatz im Krieg und beleidigt so die Männer und Frauen im Einsatz.

11. Das Selbstbild der Truppe „irrt" auch heute zwischen sui generis und Innerer Führung.

12. Es herrscht eine „generelle Strategielosigkeit" in der Bundeswehr.

13. Aus der großen Dichte parlamentarischer Kontrollen (einschließlich des alleinigen Rechts des Parlaments, über Auslandseinsätze zu entscheiden) folgen für Kriseneinsätze „aufwendige Abstimmungs- und Entscheidungsprozesse".

14. Trotz der „radikalen Änderung" der Lage, gibt es keinen Wandel der „Leitkultur" „Innere Führung" gegenüber ihrer Entstehungszeit vor 65 Jahren. Das macht sie unglaubwürdig.

Zusammengefasst werten Sie die „Innere Führung" in ihrer Entstehungszeit als „brillant", aber unter den „radikal geänderten Prämissen heute" als überholt.

Unter 4.3. „Aktuelle Debatte um die Innere Führung" schreiben Sie:

„Der Grad von Realitätsnähe zur Schikane kann gerade am scharfen Ende des Berufes, dort, wo es um Leben und Tod geht, äußerst schmal sein. Zudem finden sich in infanteristisch geprägten und nahe am Kampfgeschehen ausgebildeten Einheiten und Ausbildungseinrichtungen naturgemäß ein besonders ausgeprägter Korpsgeist und ein Elitedenken, die tendenziell von den als lebensfern wahrgenommenen Grundsätzen der „Inneren Führung" entkoppelt sind. Im Mikrokosmos der Kleinen Kampfgemeinschaft erscheint sie häufig als bloße Makulatur."

15. In Ihrer Analyse, in der Sie fragen, in welchem Umfang sich die Konzeption (Innere Führung) während des Einsatzes der International Security Assistance Force (ISAF) in Afghanistan bewähren konnte, kommen Sie zu einem „uneindeutigen" Ergebnis. Verdienste sehen Sie z. B. „in Bezug auf den Umgang mit Menschen fremder Kulturen oder die Verhinderung von Kriegsgräuel", große Schwierigkeiten „in Politik, Öffentlichkeit und Bundeswehr im Umgang mit der zunehmenden Gewalteskalation im deutschen Verantwortungsbereich".

Sie fordern:

16. Alle Maßnahmen haben das Ziel, eine Truppe zu schaffen, die kämpfen kann, wenn sie kämpfen muss.

17. Die Generalität ist keine „Funktionselite", sondern eine „Verantwortungselite".

18. Die BW-Universität erhält einen Lehrstuhl für Militärsoziologie.

19. Die Politische Bildung in der Truppe ist zu „revitalisieren".

20. Der Widerspruch zwischen den beiden Modellen „Athen" (= Geist/Innere Führung) und „Sparta" (= Kampf/Konzentration auf das Militärische) muss aufgelöst werden.

21. Schließlich Ihr wichtigstes Postulat, der Eckstein für alle weiteren (und bisherigen) Überlegungen: Primat der Politik, Parlamentsarmee und Bindung des Soldaten an Recht und Gesetz sind unverzichtbar.

C Diesen Feststellungen und Forderungen kann ich weitgehend zustimmen.

Eine kleine Einschränkung: Revitalisierung der Politischen Bildung in der Truppe (18.): Damit waren zumindest die Offiziere immer schon, bis auf wenige Ausnahmen, überfordert.

Eine große Einschränkung: „Die Konzeption Innere Führung ist auf den „Soldaten im Frieden“, auf eine „Friedensarmee“ ausgerichtet mit dem Ziel, Krieg zu vermeiden.“ (2):

Natürlich ist die Erhaltung des Friedens durch abschreckende Präsenz Ziel und größtmöglicher Erfolg von Streitkräften. Aber Baudissin und andere entwarfen das „Innere Gefüge“ für die Bundeswehr, zwar aus der ganz besonderen Lage der Bundesrepublik Anfang der 50er Jahre, aber in Erwartung einer großen militärischen Auseinandersetzung mit der Sowjetunion. Das war potentiell ein konventioneller, aber ggf. auch atomarer Krieg. Baudissin erwartete den härtesten Krieg der Geschichte (Aufsatz „Das Kriegsbild“ „Informationen für die Truppe“). Die Bundesrepublik hätte die Hauptlast getragen.

Wenn die Bundeswehr sich mehr und mehr zu einer Friedensarmee verschulte, lag das m. E. weniger an der Ausgangssituation und der Inneren Führung, sondern an der Bequemlichkeit ihrer Führer und dem Wunsch der politischen Leitung, die in der Sicherheit des Gleichgewichts der Kräfte und der Schutzgarantie der USA gerne vergaßen, dass der „Kalte Krieg“ nicht Frieden, sondern eine geschichtliche Phase von „Nicht-Krieg“ war und Kriegstüchtigkeit ihrer Soldaten die von ihnen zu erwartende Leistung in der Strategie der Abschreckung.

Dennoch:

Ich hatte als Kompaniechef oder als Bataillonskommandeur, später als Kommandeur eines territorialen Kommandos mit 2.000 beorderten Reservisten und 200 zusätzlichen, nicht beorderten Reserveoffizieren nie Einschränkungen, wenn es um harte, fordernde Ausbildung ging. Unsere Bataillonsübungen im freien Gelände dauerten meist mehrere Wochen. Auf Podien und in den Medien war die freie, auch die kritische Rede über Bundeswehr und ihre Rolle in Staat und Gesellschaft im Rahmen von Anstand und Vernunft uneingeschränkt möglich.

D Baudissin hatte wohl nicht globale Einsätze, Berufsarmee, hybride Kriege, Cyberwar, autonome Kampfroboter vor Augen, aber ich behaupte, dass die Konzeption „Inneres Gefüge“ flexibel genug ist, sich darauf einzustellen. Die entscheidenden Eckpfeiler haben Sie, lieber

Herr Bohnert, selbst gesetzt: Primat der Politik, Parlamentsarmee, Bindung des Soldaten an Recht und Gesetz. Das waren auch die Eckpfeiler für das „Innere Gefüge" 1950/55 auf der Grundlage der jungen Verfassung und bei einer faszinierenden Weitsicht ihrer Schöpfer. In Ihrer Aufzählung fehlt zwar der Staatsbürger in Uniform. Habe ich ihn überlesen? Wenn nicht, ist das ein Thema.

Da die „Eckpfeiler" nach unser beider Meinung heute alternativlos sind, wird es keine grundlegend andere Konzeption „Inneres Gefüge" in überschaubarer Zukunft geben (siehe auch Ergebnis der Rühe-Kommission von 2012). Natürlich ist fortlaufende Anpassung und Straffung nach Verwässerung und Überdehnung in den langen „Friedensjahren" nötig. Aber die wird nicht von außen kommen. Die Streitkräfte werden sich ganz wesentlich selber aus dem Sumpf ihrer Passivität und bequemen Unterordnung herausziehen müssen, am geistigen Prozess teilnehmen, ihr Selbstmitleid und Jammern überwinden und eine aktive Rolle in Politik, Staat und Gesellschaft, aber auch in der inneren Weiterentwicklung z. B. der Führungslehre (TF) finden müssen.

Die Bundeswehr wird immer und selbstverständlich unter dem kritischen Blick der Öffentlichkeit ein wichtiges Organ des Staates sein, aber eben eines unter anderen, wie Polizei oder Justiz.

E Lassen Sie mich über Ihre eigenen Vorschläge hinaus noch einige weitere Anregungen zur positiven Entwicklung der Lage aussprechen:

Die Offiziere müssen eine neue Normalität, eine neue Rolle lernen: Selbstbewusstsein und Stolz aus ihrer Professionalität und Leistung in einem unvergleichlichen Beruf und großem Auftrag, mit Leib und Leben einzustehen für Völkerrecht, Freiheit und Leben Schutzbedürftiger im Dienst eines demokratischen Rechtsstaates. Sie müssen sich durch Präsenz und Teilnahme am Leben unserer Gesellschaft ihren Platz selbst erwerben.

Ihnen, Herr Bohnert, liegt die „kleine Kampfgemeinschaft" besonders am Herzen. Sie ist die Basis des Erfolges der Bundeswehr im Einsatz, im Krieg. Sie hängt ab von Professionalität, Selbstverständnis und Berufsstolz ihrer Offiziere und Unteroffiziere und von deren Präsenz in dieser Gesellschaft, in Medien, auf Podien, im Alltag.

M. E. steht dem die Grundstruktur des „Inneren Gefüges“ nicht im Wege.

Was ist zu tun?

„Innere Führung“ ist in „Inneres Gefüge“ umzubenennen. Der Begriff „Innere Führung“ war immer der falsche und ist längst „verbrannt“.

Das „Innere Gefüge“ ist zu entrümpeln.

„Politische Bildung“ soll ein Lehrfach an Bundeswehr-Universitäten und in Bundeswehr-Akademien werden und die Haupttexte von Graf v. Baudissin Pflichtlektüre.

Die Führungsakademie ist mit der Weiterentwicklung des „Inneren Gefüges“ und einer neuen Lehre „Führung in Gefecht und Operation“ (TF) zu beauftragen. Es sind die beiden Seiten einer Medaille und gehört in eine Hand.

Eine Militärgerichtsbarkeit soll die zivile ersetzen.

Der Generalinspekteur sollte den beamteten Staatssekretären gleichgestellt werden.

Die Inspekteure sollten vor den Einsatzentscheidungen des Parlaments in den Fraktionen gehört werden.

Die Offiziere sollen ihre gesellschaftliche Nische verlassen. Die ist zwar bequem und gefahrlos, aber Offizier sein heißt: „Vor der Front stehen“. Für das Ansehen der Bundeswehr in unserer Gesellschaft sind in erster Linie die Offiziere, Staatsbürger in Uniform, verantwortlich und nicht primär die Politiker oder Journalisten.

Es muss begriffen werden, dass die allermeisten Probleme der Bundeswehr nicht von „außen“ kommen, sondern von der Bundeswehr selbst gemacht sind.

Professionalität, Selbstverständnis und Stolz auf ihren Beruf sollte das Lebensgefühl der Offiziere sein. Der Beruf bietet Ihnen eine exzellente Ausbildung, unvergleichliche Aufgaben, Aufstieg bei Leistung und fordert den ganzen Mann, die ganze Frau. Selbstbewusstsein und Berufsstolz der Offiziere werden sich auf Unteroffiziere und Mannschaften übertragen bis in die kleine Kampfgemeinschaft.

F Ausblick: Die Bundeswehr in Staat und Gesellschaft befindet sich in einem Übergang. Die heutige Berufsarmee im Einsatz ist nicht mehr die Wehrpflichtarmee im langen Frieden vor 1990. Die Zivilgesellschaft tut so, als habe sich nichts verändert.

Die Soldaten tragen die Last der Einsätze und der Versäumnisse und viele begehren auf. Staat und Gesellschaft müssen lernen, dass ihre Soldaten einen außerordentlichen Dienst für die Gemeinschaft leisten und dafür Verständnis und Respekt einfordern. Die Soldaten werden lernen müssen, dass eine in Wohlstand und Sicherheit lebende, weitgehend pazifistisch geprägte Zivilgesellschaft sie nicht auf Händen tragen wird. Sie werden ihren Berufsstolz ganz wesentlich aus ihrem Auftrag und ihrer Leistung beziehen und Kenntnisse und Verantwortungsbewusstsein der Parlamentarier einfordern. Würde und sittliches Selbstverständnis des deutschen Soldaten bezieht er aus seiner Einordnung in den demokratischen Rechtsstaat, dem „Inneren Gefüge", das wir bisher noch „Innere Führung" nennen.

Unsere französischen, englischen und amerikanischen Kameraden sind wie wir Soldaten demokratischer Rechtsstaaten. Oft spüre ich eine Sehnsucht bei Soldaten der Bundeswehr, sein zu wollen wie die anderen. Die Ideale von Recht und Freiheit haben wir gemeinsam, die Vergangenheit nicht. Die Franzosen haben Napoleon und de Gaulle, die Engländer haben Nelson und Montgomery, die Amerikaner Lincoln und MacArthur. Wir haben Friedrich den Großen, Moltke, Beck, Adenauer und Brandt. Die anderen gehören zu den Siegern des letzten Weltkrieges, wir hatten diesen Krieg nicht nur gewollt, sondern erlitten eine desaströse Niederlage und haben die Shoah, die systematische Vernichtung der osteuropäischen Eliten und den Tod Hunderttausender sowjetischer Kriegsgefangener im historischen Gepäck. Die Amerikaner hatten Vietnam, die Franzosen Algerien, die Briten Kenia, aber die Dimension der Shoah ist singulär.

Wir „Nachgeborenen" sind dafür nicht verantwortlich, aber wir sind geprägt von Aufarbeitung und wie wir damit umgehen. Und es ist unsere Geschichte. Auch Guderian, Rommel und v. Manstein waren großartige militärische Führer, die wir Soldaten bewundernd nennen können, auch wenn sie aus der Tragik ihrer geschichtlichen Situation und ihrem Verhalten darin für Streitkräfte in einem demokratischen Rechtsstaat nicht traditionsbildend sein können.

Seit fast 70 Jahren bewährt sich die Bundesrepublik als demokratischer Rechtsstaat. Unser Vaterland gehört seit Jahrhunderten zu den bedeutendsten Kulturnationen der Welt. Nach der Wiedervereinigung ist Deutschland durch wirtschaftliche Stärke und politische Klugheit der Anker der Europäischen Union und weltweit in hohem Ansehen. Die Soldaten der Bundeswehr kämpfen seit 25 Jahren in Brennpunkten der Weltpolitik. Es ist die Aufgabe der Elite Ihrer Offiziersgeneration, lieber Herr Bohnert, in der Bundeswehr den Schutt der Halbherzigkeit und des Selbstmitleids, des Stammtischgeschwätzes und des beleidigten Nationalismus abzuräumen und aus dem riesigen Pfund, das unser Land Ihnen anbietet ein neues Selbstverständnis als Soldat dieser Republik zu erarbeiten, d. h. Identität aus dem Wissen um die Vergangenheit, aus Stolz auf Verfassung und Auftrag und aus dem Willen, die Zukunft zu gestalten als Gleiche unter Gleichen im Kreis der Verbündeten.

Das ist der aktuelle Stand. Was bringt die Zukunft? Waffen und Kriegsbild sind in radikalem Wandel. Grundsätzliche Fragen an die Ethik ihres Einsatzes stehen an. Solange die Bundesrepublik Deutschland der Staat unserer Verfassung ist, werden deutsche Soldaten nicht Söldner sein und die autonomen Kampfmaschinen nicht die letzten Entscheidungen treffen. Auch diese Souveränität des menschlichen Individuums gilt es für die Würde unseres Berufes zu erhalten.

Lieber Herr Bohnert. Meinen Respekt für Ihre Arbeit. Ich bin gespannt auf Ihre Antwort.

Für die zahlreichen Anregungen danke ich Ihnen sehr und bin, mit herzlichen Grüßen

Ihr Gustav Lünenborg

*

Hamburg, 15. September 2017 (9)

Lieber Hans-Martin.

Die wunderbare Welt des Staatsbürgers in Uniform und der Wille zum Kampf

Danke für FAZ/Köster. Ich kannte den Artikel nicht. Er ist m. E. gut geschrieben, aus reichlicher Kenntnis/Studium der Bundeswehr und stellt sehr übersichtlich die „Innere Führung" in ihrer Entstehung und ihre Umsetzung im Frieden dar.

Die Zeit, die mich sehr bewegt und für die ich nach einer Position suche, ist die Zeit nach der Allgemeinen Wehrpflicht und die neue Zeit der Einsätze außerhalb des Heimatlandes, weltweit, in Zonen sehr fremder Kulturen, in Aufträgen, die UNO-bestimmt sind, Einsätze, die einem global orientierten nationalen Interesse oder dem Bündnis dienen, die Identifizierung oft schwer machen, aber den vollen militärischen Einsatz verlangen, also einschließlich der hohen Risiken für Leben, Gesundheit, Bestand der Familie, Partnerschaft.

Oberst K. beschreibt akademisch die wunderbare Welt des Staatsbürgers in Uniform, weich gebettet im Garten der „Inneren Führung", geschützt von allen Engeln des Rechts und der bürgerlichen Freiheiten und möglichst bewahrt vor dem scharfen Schuss.

Muss ich betonen, dass auch ich die Würde des Menschen unantastbar, den Soldat im demokratischen Rechtsstaat verankert, nur vom Parlament beauftragt, vor der Willkür des Vorgesetzten geschützt denken will?

Aber wir haben 62 Jahre über „Innere Führung" und „Staatsbürger in Uniform" geredet. Die meisten Soldaten können bis heute nicht formulieren, was damit gemeint ist. Weil es sie nicht interessiert. Dennoch: die Inhalte sind umgesetzt in Gesetzen, Verordnungen, gesellschaftlichem Bewusstsein und soldatischem Selbstverständnis, und das ist gut so.

Aber seit nun 20 Jahren steht diese Nachkriegsarmee und ihre Soldaten in Kriegen, in multinationalen Einsätzen, im Feuer neben NATO-Kameraden, die diesen ganzen Diktatur-, Holocaust-, Niederlageballast nicht mit sich schleppen, weniger in Watte gebettet sind, als ihre deutschen Kameraden.

Die deutsche Politik und Gesellschaft halten sich ihre Armee, schicken sie gerne in Einsätze weltweit. Das macht sich politisch gut und erspart lästige Fragen. Sie soll wenig kosten, möglichst keine Toten melden und wenn doch, die dann ohne Aufhebens begraben. Sie möge das Desinteresse und die Ruhe des Bürgers nicht stören.

K. zitiert in seinem ersten Satz Baudissin: Wie kann die deutsche Bundeswehr „in der Mitte des 20. Jahrhunderts zu einem Instrument von höchster Schlagkraft gestaltet werden?" Gilt das noch für heute? Wenn ja, müssen wir nach 62 Jahren Diskussion und Deklinieren der Werte von „Innerer Führung" und „Staatsbürger in Uniform" das Selbstbewusstsein finden, Bindung der Streitkräfte an Recht und Gesetz und die Hoheit des Parlaments als selbstverständlich, als gewachsenes Fundament von Bundeswehr und ihren Soldaten zu wissen und uns als Gesellschaft, mindestens aber als Politiker den Fragen des militärischen Einsatzes zu stellen: Tapferkeit, Kameradschaft, Wille zur Führung, Entschlusskraft, Bereitschaft zum Kampf, Wille zum Sieg, Gefangenschaft, Verwundung, Tod, Einsatz, Warten auf den Einsatz, Frage nach dem Sinn.

Mein Gott! Das klingt so heroisch. Aber ist es nicht doch die Berufswirklichkeit für all die, die letztlich Bundeswehr im Einsatz sind? Und ist es die Wahrheit, wenn der Herr Oberst i. G. schreibt, dass gerade das Konzept der „Inneren Führung" der Bundeswehr im Einsatz viel Ansehen gebracht hat? Oder ist dies die gefällige Selbsttäuschung der Herren an Schreibtisch und Karriere? Hat vielleicht der afghanische Fachmann für Sicherheitspolitik Recht, der kürzlich auf die Frage nach der Qualität der Bundeswehr im Einsatz in Afghanistan antwortet: „Eine Spielzeugarmee. Die darf nicht einmal ihre NATO-Kameraden in ihren Autos mitnehmen!" oder der deutsche Viersterne-Nato-General a. D., der vor drei Jahren in einer Bundeswehrveranstaltung mit sehr vielen zivilen Gästen sagte: "Wenn in einem Stab in Afghanistan ein amerikanischer, ein englischer und ein französischer Offizier auf dem Flur zusammenstehen und ein deutscher tritt dazu, dann gehen die Drei auseinander und treffen sich später ohne ihn."

Ich beschäftige mich inzwischen wieder seit Wochen mit dem Thema und komme zu meiner eigenen Verwunderung zu dem Schluss:

„Innere Führung“ und „Staatsbürger in Uniform“ haben ihre Schuldigkeit getan, sind überdiskutiert. Sie sind heute nicht Pfunde, sondern Last. „Innere Führung“ kann ohne Verluste ersetzt werden durch „Bundeswehr in Staat und Gesellschaft“. „Staatsbürger in Uniform“ war für die Allgemeine Wehrpflicht zutreffend, ein Ehrentitel. Für eine Freiwilligenarmee ein überflüssiger Anspruch. Wir sprechen auch nicht vom „Staatsbürger in Polizeiuniform“, „Staatsbürger im Lehramt“, „Staatsbürger in Robe“.

Geben wir unseren Soldaten Normalität unter ihren NATO-Kameraden und leiern wir nicht weiter das alte Lied „Was ist Innere Führung?“ und sprechen wir stattdessen über Auftrag, Einsatz und Kampf und ihre Voraussetzungen, ihre Realität und Folgen.

Lieber Hans-Martin, verzeih. „Innere Führung“ ist mein berufliches Lebensthema. An der Richtigkeit des Inhaltes habe ich keinen Zweifel. Aber der Begriff hat inzwischen zu viel Eigengewicht, löst Reflexe aus, nicht Nachdenken, ist Asche, nicht Feuer.

Herzliche Grüße Dein Gustav

*

Hamburg, 2. Oktober 2017 (10)

Liebe Freunde

Tradition und Ehre

Es bleibt ein Dauerthema, Bundeswehr und Wehrmacht, Tradition und Ehre der deutschen Soldaten des 2. Weltkriegs, glimmend über die Jahre, aufgeflammt aktuell, dramatisiert dann durch den Rundumschlag der Ministerin. Immer wieder Thema bei allen Dienstgraden, vom General bis zum Gefreiten: „Mein Vater, mein Großvater haben sich im Krieg ehrenhaft verhalten!“, „Der blanke Schild der Wehrmacht muss unbefleckt bleiben!“, „Wir müssen wissen, auf welchen Schultern wir stehen.“

Da sind über 18 Millionen deutsche Männer, die meist unfreiwillig und ohne Begeisterung in diesen Krieg gegangen sind, über fünf Millionen verloren ihr Leben. Millionen Deutsche verloren den Sohn, den Ehemann, den Vater, den Verlobten. Das aschgraue Haar einer Nachbarin, die alle fünf Söhne verlor, ist mir unvergessen.

Da war eine raffinierte und skrupellose Propaganda, die den Feind verteufelte und die eigene Rasse und die Führung vergötterte. Da haben die allermeisten Soldaten unter Einsatz von Leben und Gesundheit ihre Pflicht getan in der tiefen Überzeugung, das Vaterland zu schützen und taten es in großartiger Tapferkeit und Kameradschaft.

Da waren die beeindruckenden politischen Erfolge, meist unter Zwang und Rechtsbruch zu Stande gekommen: Beendigung der Besetzung des Rheinlandes, Ende der Reparationszahlungen, Annektierung des Sudetenlandes, Triumph der Olympiade, die unglaublichen militärischen Erfolge: Besetzung der Tschechoslowakei, „Blitzsieg" über Polen, Sieg über Frankreich, Besetzung Belgiens und der Niederlande, die ersten großen Schlachten in Russland.

Zunächst immer auf dem Vormarsch, begleitet vom Trommelwirbel einer totalen Propaganda, den überwältigenden Reichsparteitagen in Nürnberg, der lückenlosen Gleichschaltung der Medien und Organisationen, der wachsenden Gewalt gegen Andersdenkende und Juden im Inneren.

Und die Wehrmacht von Sieg zu Sieg: Guderians Panzer durch Polen, die schnelle Niederlage der französischen Armee, deutsche Fallschirmjäger über Rotterdam und Kreta, Rommels Wüstenfüchse in Afrika, deutsche U-Boote auf allen Meeren, v. Mansteins geniale Schlachten in Russland, die Einnahme der Krim, von Sewastopol, Kesselschlachten mit Hunderttausenden russischer Kriegsgefangenen. Nach den Demütigungen aus dem ersten Weltkrieg entstand jetzt der Mythos des deutschen Soldaten und seiner genialen Führer neu. Überwältigung und Verblendung hielten das deutsche Volk im Griff und beeindruckten das Ausland.

Wer wollte wissen, dass nach der Niederwerfung der polnischen Armee durch die deutsche Wehrmacht die polnische Intelligenz vernichtet und das polnische Volk zu niederen Diensten versklavt wurde? Wer wollte wissen, dass Hitler die Spitzen der Wehrmacht, über 200 Generäle und Admiräle versammelt und ihnen Einweisung und Befehl zu einem verbrecherischen Krieg gegen die Sowjetunion erteilte und nicht einer ihm widersprach. In der Verantwortung der Wehrmacht verreckten dann Hunderttausende russische Kriegsgefangene und in den von der Wehrmacht eroberten und gehaltenen Gebieten Osteuropas wurden systematisch, fabrikmäßig Millionen Menschen jüdischen Glaubens ermordet unter Wissen, oft unter Mitwirkung der Wehrmachtsführung und nicht weniger ihrer Soldaten.

Die Soldaten an der Front und die Angehörigen zu Hause, beide kämpften ums Überleben, kaum Raum für das Elend anderer, kaum Protest bei der Verschleppung der Nachbarn, kaum Mut, das Gesehene zu bedenken, gar es zu benennen. Aber alle konnten es sehen.

Was bleibt für Ehre und Tradition des deutschen Soldaten? Die siegreichen Schlachten und Feldzüge der frühen Jahre? Militärisches Handwerk in Perfektion, vielleicht geniale Führungskunst im Dienst eines verbrecherischen Krieges. Für militärische Geschichtsbücher, aber kaum traditionsbildend. Dazu sagt später der Traditionserlass von 1982: „In die Verbrechen des 2. Weltkrieges war die Wehrmacht teils schuldhaft verstrickt, teils wurde sie schuldlos missbraucht."

Was ist mit den Millionen Soldaten, die 6 Jahre im Krieg standen, tapfer, kameradschaftlich, gehorsam, kämpfend und sterbend, was ist mit den Hunderttausend Offizieren und Unteroffizieren, vorbildliche Führer ihrer Einheiten, auch nach Kriegsende bewundert von der militärischen Fachwelt, oft als die besten Soldaten dieses Krieges?

Der amerikanische Präsident Eisenhower, im Krieg siegreicher Oberbefehlshaber der amerikanischen und der verbündeten Westmächte, sprach den deutschen Soldaten die Ehre zu, als Kanzler Adenauer das zur Bedingung für die Wiederbewaffnung der Bundesrepublik machte. Die Bundesrepublik Deutschland wurde gebraucht.

60 Jahre später die Rühe-Kommission: „Leistung und Verhalten des einzelnen Soldaten der Wehrmacht kann traditionsbildend sein." Der rechtsnationale Vorsitzende der „Alternative für Deutschland" (AfD) Gauland vor 14 Tagen im Wahlkampf: Wir können „stolz sein auf die Leistungen deutscher Soldaten in zwei Weltkriegen." Das befriedigt ein latentes Fühlen vieler Deutscher in Zivil und in Uniform, Balsam für so manches vergebliche Aufbegehren in 70 Jahren gegen das verordnete Schweigen, gegen die „geistige Unterwerfung", gegen die „political correctness". Und gleichzeitig springt der Protest auf, die Furcht und die Abwehr gegen Glorifizierung der Wehrmacht und des deutschen Soldatentums.

Stolz auf die Leistungen deutscher Soldaten des zweiten Weltkriegs. Wie soll das funktionieren? Stolz auf alle deutschen Soldaten? Auch auf die Soldaten in den SS-Divisionen? Rommels Soldaten ja, Sepp Dietrichs nein? Auf die Absperrposten der Wehrmacht bei den Massenerschießungen von Juden, Männer, Frauen und Kinder? Auf die Soldaten der Geiselerschießungskommandos? Auf die Soldaten, die desertiert sind nein? Auf die Soldaten des Widerstandes ja, auf die Ritterkreuzträger nein? Auf die Soldaten im Generalsrang, die wissentlich einen verbrecherischen Krieg geführt haben? Auf ihre Soldaten, die nur Befehle ausgeführt haben?

Und wo ist die Trennlinie zwischen Institution Wehrmacht und Individuum Soldat? Wenn wir das Tabu einreißen, verwischen die Grenzen. Etwas schwanger geht nicht.

Das ist die Tragik dieser deutschen Soldaten, unserer Väter, von denen Millionen ehrenhaft gekämpft haben, aber alle gemeinsam einer verbrecherischen Diktatur gedient haben. Wie wollen wir dem einzelnen Soldaten gerecht werden? – Mögen sie in Frieden ruhen. Wir haben nicht das Recht über sie pauschal den Stab zu brechen, aber wir werden den Mut haben müssen, nicht stolz auf ihre Leistung zu sein, die für die Bundeswehr, die neue Armee unseres demokratischen Rechtsstaates nicht traditionsbildend sein kann.

Bleibt niemand, den wir ehren können? Ohne Zweifel die Soldaten des Widerstandes und ihre großartigen Frauen, denen Gesinnung und Ehre höher waren als das eigene Leben, ja als die Sicherheit ihrer Familien. Sie haben ihr Ziel nicht erreicht, den Tod des Tyrannen. Sie haben für ihre Überzeugung einen hohen Preis gezahlt, das eigene Leben. Aber sie haben bis heute ein leuchtendes Zeichen gesetzt für Charakterstärke und Mut. Wie viel Glanz! Beck und Tresckow, Haeften, Stauffenberg und all die anderen. Der würdige Generalfeldmarschall von Witzleben vor den geifernden Freisler gezerrt, die Männer, die man an Fleischerhaken aufhängte. Wie viel Haltung, wie viel Ruhm.

Vorbilder und Tradition? Der Widerstand gegen Hitlers Gewaltherrschaft bietet eine Fülle beeindruckender, auch militärischer Persönlichkeiten und traditionswürdige Vorbilder. Wem das nicht reicht: Friedrich der Große, Scharnhorst und Gneisenau, Moltke. Wahrlich genug für Bewunderung und Vorbild, Emotion und Diskurs, für Unterricht und Spind. Und dann sind da noch 68 Jahre Bundesrepublik Deutschland und ihre beeindruckende Entwicklung zu einem weltweit geachteten demokratischen Rechtsstaat und seiner Bundeswehr im Einsatz für Menschenrechte, gegen Unterdrückung und Völkermord. Welch ein großartiger, traditionsbildender Auftrag.

Die aktuelle Suche nach Vorbildern hat auch verzweifelte Züge. Belasten wir aktive Soldaten der Bundeswehr nicht, indem wir sie zu Helden ernennen und aufs Podest stellen. Sie können daran nur zerbrechen.

Dieser Text schließt auch einen sehr persönlichen Kreis. Als ich 1961 als Jugendoffizier der Gebirgsdivision vor der Oberprima des Skigymnasiums in Berchtesgaden über den „20. Juli 1944" sprach, kritisierte mich anschließend der kriegsgediente Klassenlehrer scharf, der die Männer des 20. Juli Verräter und Eidbrecher nannte. Die gut 20 Jungen und Mädchen hatten mir mit großer Spannung zugehört und dann sehr zustimmend applaudiert.

Herzliche Grüße Euer G.

*

Hamburg, 25. Oktober 2017 (11)

Liebe Freunde.

Es ist Zeit.

„Innere Führung" und „Staatsbürger in Uniform", vom Schlachten heiliger Kühe

Der Begriff „Innere Führung" ist verschlissen. Er kann verlustlos durch „Bundeswehr in Staat und Gesellschaft" ersetzt werden. „Staatsbürger in Uniform" ist für eine Berufsarmee unpassend, weil selbstverständlich. Der Begriff kann ersatzlos entfallen.

1. „Innere Führung" ist ein großartiges Konzept, mit Weitsicht und in demokratischem Geist entworfen, passgenau für die Einfügung der neuen deutschen Streitkräfte in den demokratischen Rechtsstaat. Wenige Jahre nach dem Zusammenbruch des elenden 3. Reiches. Heute, nach 62 Jahren, sind seine Ideen tief verwurzelt in Staat und Bundeswehr, in Substanz und Selbstverständnis: Bindung an Recht und Gesetz, staatsbürgerliche Rechte für den Soldaten, alle Entscheidungsgewalt beim Parlament.

„Innere Führung" ist in den frühen Nachkriegsjahren geboren, als es galt, neue deutsche Streitkräfte in den gerade gegründeten demokratischen Rechtsstaat BRD einzufügen und der Bevölkerung der Bundesrepublik, die mit Mehrheit eine Wiederbewaffnung ablehnte, eine neue deutsche Armee annehmbar zu machen.

Das Konzept entstand im heftigen Streit zwischen Traditionalisten und Reformern. Die Reformer setzten sich durch, aber die anhaltende Diskussion schafft Unruhe in der Bundeswehr bis heute.

„Innere Führung leitet sich vom Grundgesetz ab und beschreibt die Einfügung der Streitkräfte und des einzelnen Soldaten in den demokratischen Rechtsstaat. Parlamentsarmee, Staatsbürger in Uniform. So, wie die Bundesrepublik ein Gegenentwurf zum 3. Reich war, so sollte sich die Bundeswehr unterscheiden zur Wehrmacht. Nicht in den allgemeinen soldatischen Tugenden: Disziplin, Tapferkeit, Kameradschaft, auch nicht im militärischen Prinzip von Befehl und

Gehorsam, sondern in der Unterstellung und Kontrolle durch das Parlament, in der Stellung des Soldaten mit fast allen bürgerlichen Rechten, einschließlich eines umfassenden Beschwerderechts und in der Bindung des Vorgesetzten, Befehle nur zu dienstlichen Zwecken zu geben.

In den langen Friedensjahren verschulte die Bundeswehr im Konkurrenzkampf zum zivilen Arbeitsmarkt und in der durch die USA garantierten Sicherheit. „Soldat“ wurde „ein Beruf wie jeder andere“ und „Innere Führung“ wurde als Führungslehre der Streitkräfte für jede militärische Aufgabe missverstanden. Sie blieb Dauerthema zwischen Bewunderung und Ablehnung. Bis heute schreiben wir unsere Aufsätze, Vorträge, Dissertationen, Masterarbeiten, Bücher über die Frage: Was ist „Innere Führung“?

Ich bin 1956 Soldat geworden. Divisionsjugendoffizier, Kompaniechef, Taktiklehrer an der Offiziersschule, Generalstabslehrgang A, Bataillonskommandeur, Dozent an der Führungsakademie, Kommandeur eines Territorialen Kommandos waren die wichtigsten Verwendungen. Ich kenne die Bundeswehr von den Aufbaujahren bis in die Zeit der neuen Einsätze gut. Ich war Soldat unter dieser Verfassung und stolz auf mein geistig-moralisches Fundament, das Konzept „Innere Führung“. Es trug auf hundert Podien und in hundert Texten.

Nach der Pensionierung 1993 blieben Bundeswehr und „Innere Führung“ in meiner Aufmerksamkeit. Ich schrieb meine Berufserinnerungen „Bürger und Soldat – Innere Führung hautnah – 1956 - 1993/1993 - 2015“. Das Buch erschien 2015 im Miles-Verlag mit guter Resonanz. Im Frühjahr 2013 hatten mich Berichte über die Unzufriedenheit der jungen Zugführer und Kompaniechefs im Einsatz in Afghanistan, der Männer und Frauen, die auch außerhalb der Camps im scharfen Einsatz die Herausforderungen des heutigen Krieges zu meistern haben, zu mehrmonatigen Recherchen veranlasst. Ihr Hauptvorwurf: „Innere Führung“ war ein Konzept für die Bundeswehr im Frieden. Für unsere Einsätze im Krieg ist sie unbrauchbar.

Als ich einen ihrer Sprecher, gerade als Kompaniechef aus Afghanistan zurück, fragte: „Was ist für Sie Innere Führung?“ antwortete er: „Das ist es ja, ich weiß es nicht! Jeder erzählt mir etwas anderes.“

Die ewige Diskussion um den Inhalt, der Unwille sich ernsthaft mit dem Thema zu beschäftigen, die Genugtuung einen Sündenbock für Vieles zu haben, was in der Bundeswehr nicht funktioniert, erzeugt eine tiefe Abneigung gegen die unverstandene „Innere Führung“, die für sehr viele Soldaten aller Dienstgrade für eine unsoldatische Armee steht, in der mitunter pazifistische Grundhaltung und Angleichung an Denken und Wünschen der Zivilgesellschaft wichtiger zu sein scheint, als Entschlusskraft, Führungswille, Bereitschaft zum Kampf und Wille zum Sieg.

Als vor wenigen Monaten ein afghanischer Journalist gefragt wurde, was er von der Bundeswehr in Afghanistan halte, antwortete er lachend: „Eine Spielzeugarmee. Die dürfen doch nicht einmal ihre NATO-Kameraden in ihren Autos mitnehmen.“ Eine Einzelmeinung? Maßlos übertrieben? Vor wenigen Jahren sagte ein deutscher Viersternegeneral a. D., vormals in höchster NATO-Position, in einem Vortrag in einer Kaserne in Schleswig-Holstein vor einem großen Kreis von Soldaten und vielen Gästen aus der Zivilgesellschaft: „Wenn in einer Kommandozentrale in Afghanistan ein amerikanischer, ein britischer und ein französischer Offizier auf dem Flur beisammen stehen und ein deutscher Offizier tritt dazu, dann gehen die Drei auseinander und treffen sich irgendwo ohne den Deutschen wieder.“ Wer erschrickt da nicht! Wenn man bei der Öffentlichen Vereidigung in diesem Jahr in Berlin die Verteidigungsministerin und den Ehrengast reden hörte, dann hätten diese Reden auch vor 30 Jahren gehalten werden können. Von der Bedeutung der weltweiten Einsätze, von der hohen Verantwortung des Parlaments für den Einsatz der Soldaten, der Bedeutung von Disziplin, Gehorsam, Tapferkeit, Verwundung und Tod und von der Würde des Soldatenberufs bei der Verteidigung von Recht und Freiheit, dem Schutz vor Völkermord und Vertreibung bei den heutigen Einsätzen habe ich kaum ein Wort gehört. Haben die Redner begriffen, was Einsatz heute bedeutet?

Es ist Zeit, die eingelaufenen Denkpfade zu verlassen. Die neue Zeit hat längst begonnen. Viele junge Offiziere sind ungeduldig. Die ersten alternativen, undemokratischen Modelle einer neuen Armee sind aus ihrem Frust und ihrer Wut im Gespräch und längst publiziert. „Innere Führung“ ist für viele ein Reizwort.

Der Wertekanon ist auch heute gültig, längst verinnerlicht. Aber nach 62 Jahren Bundeswehr ist der Begriff „Innere Führung“ im ewigen Streit um Inhalt und Nutzen längst verschlissen und kann ersatzlos und befreiend durch „Bundeswehr in Staat und Gesellschaft" ersetzt werden. Das ist einfach, leicht verständlich und kann problemlos gelehrt werden.

„Innere Führung (IF)" und „Äußere Führung (ÄF)" sollten unter ein Dach, in eine Hand. Das Zentrum Innere Führung hat seine Aufgabe in den Aufbau- und Friedensjahren erfüllt, die Führungsakademie in Hamburg ist heute der geeignete Ort für beide Seiten der Medaille: „Militärische Führung". Statt Konkurrenz ein Guss für die Armee im Einsatz.

Natürlich ist die Prüfung und Vergewisserung der ethischen Grundlagen und der Rolle der Bundeswehr in Staat und Gesellschaft fortlaufender Auftrag. Aber für die Bundeswehr müssen heute die militärischen Themen des Einsatzes im Vordergrund stehen statt der ewigen, ausgelaugten akademischen Diskussion um die „Innere Führung".

2. „Staatsbürger in Uniform" war zur Zeit der Wehrpflicht, als die Bundeswehr bis zu 500.000 aktive Soldaten, etwa 1,2 Millionen mobbeorderte Reservisten und in jedem Jahr ca. 120.000 Einberufungen und Entlassungen hatte, zutreffend, Anspruch, ein berechtigter Ehrentitel. Heute, bei noch ca. 200.000 Berufs- und Zeitsoldaten und einer überschaubaren Zahl von Reservisten ist die Bezeichnung überflüssig, ja diskriminierend. Soldat zu werden ist nicht mehr staatsbürgerliche Pflicht, sondern eine individuelle, freiwillige Berufsentscheidung Einiger.

Natürlich sind auch heute deutsche Soldaten Staatsbürger, so wie Polizisten das sind oder Lehrer oder Richter. Aber das Selbstverständliche sollte man nicht bei einer Berufsgruppe besonders hervorheben. Das klingt dann so, als müsse man sich bei den Soldaten auch nach 62 Jahren immer noch vergewissern, dass sie zuverlässige Demokraten sind. Wir sprechen ja auch nicht vom „Staatsbürger in Polizeiuniform" oder „Staatsbürger in Robe" oder „Staatsbürger im Lehramt".

Die besondere Kennzeichnung „Staatsbürger in Uniform" sollte ersatzlos gestrichen werden. Verluste entstehen beim Verzicht, das Selbstverständliche besonders zu benennen, nicht.

3. Die Begriffe „Innere Führung" und „Staatsbürger in Uniform" sind bis heute bei gebetsmühlenhafter Postulierung und nostalgischer Verklärung in Bundeswehrführung, Politik und tausend Texten scheinbar unantastbar. Beide Begriffe streichen? Ich höre den Aufschrei und die reflexhafte Ablehnung. Aber: Sie sind die Asche und nicht das Feuer! Von der Truppe nicht angenommen, der multinationalen Zusammenarbeit im Wege, ehemals sinnvolles Zeichen für den Eintritt in den jungen, demokratischen Rechtsstaat, heute für sehr viele das Signum für die eingehegte, verweichlichte Armee, für die Vermeidung von Verlusten immer wichtiger ist als die erfolgreiche Durchführung des militärischen Auftrags.

Die Bundeswehr muss in der Normalität von europäischen Streitkräften im Einsatz ankommen, ohne unnötigen Ballast aus der Vergangenheit. Sie bleibt die Armee im demokratischen Rechtsstaat. Seine Werte sind auch für den Soldaten bindend. Sie bleibt die Parlamentsarmee. Verteidiger von Recht und Freiheit zu sein, ist die Grundlage unseres Berufsstolzes. Deutsche Soldaten sind keine Söldner.

Gerade die jungen militärischen Führer in den multinationalen Einsätzen weltweit fordern uns. Ihre Integration in multinationale Verbände und Operationen wird durch die Überbetonung von „Innerer Führung" und „Staatsbürger in Uniform" erschwert. Sie wollen im Bündnis Gleiche unter Gleichen sein, für Einsatz und Kampf klare Verhältnisse und den Stolz, zu einer geachteten soldatischen Gemeinschaft zu gehören, die für ihren Staat und seine Gesellschaft Außerordentliches leistet. Bundeswehr ist nicht eine andere Polizei, eine andere Feuerwehr. Ihre Männer und Frauen sind bereit, im Auftrag des Parlaments weltweit ihre Waffen gegen Personen und Sachen einzusetzen für Recht und Freiheit anderer, unter Einsatz des eigenen Lebens, ihrer eigenen Gesundheit, bei großer Belastung für Partnerschaft und Familie, in oft unüberschaubaren politischen Verhältnissen, allein im Vertrauen auf die verantwortbare Entscheidung unseres Parlaments. Das prägt und fordert starke Identifikation mit Auftrag und Auftraggeber und einen besonderen soldatischen Geist. Das fordert auch klare Begriffe mit überzeugenden Inhalten. Militärische Vorgesetzte, Politiker und Öffentlichkeit müssen das lernen und zulassen.

Graf Baudissin sah einen zukünftigen Krieg nicht nur als den härtesten Krieg, für den entsprechend fordernde Ausbildung nötig sei, sondern er nannte den Offiziersberuf einen eminent politischen Beruf. Wer seine Männer und Frauen weltweit, im Auftrag der UNO, oft in fremden Kulturen und meist in wenig durchschaubaren politischen Lagen in den Kampf zu führen hat, sollte vor der Entscheidung am politischen Prozess teilnehmen. So sind die Offiziere herausgefordert, Grundlagen, Struktur und Geist ihrer Armee im Rahmen unserer Verfassung zeit- und auftragsgemäß zu formen. Mögen sie zunächst die alten Zöpfe abschneiden.

Herzlich Euer G.

*

Zum Jahrbuch IF 2017

Mein 11. Brief „Vom Schlachten heiliger Kühe" löste bei den Herausgebern des Jahrbuchs Innere Führung Echo aus. Er war das Ergebnis sehr langer Beschäftigung mit dem Thema. Das Konzept „Innere Führung", in den 1950er Jahren geboren, war und ist für mich visionär, in sich schlüssig und für deutsche Streitkräfte im demokratischen Rechtsstaat alternativlos.

Die Begriffe „Innere Führung" und besonders „Staatsbürger in Uniform" machten deutlich, dass die neuen, gegen massiven Widerstand durchgesetzten Streitkräfte nicht an die Wehrmacht des 3. Reiches anknüpften, sondern in freiheitlichem, demokratischen Geist in die junge Republik eingegliedert werden sollten.

Der Begriff „Innere Führung" ist von der Truppe nie angenommen, ja er hat das Verständnis und den Konsens darüber, was militärische Führung ist, in der Bundeswehr verwirrt.

Heute, nach 70 Jahren, ist die Bundesrepublik mit ihren Streitkräften in der Normalität, im Alltag angekommen. Es geht nicht mehr um die Existenz, sondern um die „Produktivität", um die Schlagkraft, die Leistungsfähigkeit der Bundeswehr im Einsatz. Der Krieg ist die Nagelprobe.

Im Krieg hat nur das möglichst Einfache Bestand. Verdecken wir den einfachen Inhalt nicht mit komplizierten Begriffen.

Der 11. Brief: „Vom Schlachten heiliger Kühe" wurde im Jahrbuch Innere Führung 2017 im Kap. IV „Zur Diskussion gestellt" gedruckt.

Jahrbuch „Innere Führung 2017“

Uwe Hartmann/Claus von Rosen (Hrsg.)

Auszug

Nun folgen zwei Artikel, die besondere Aufmerksamkeit verdienen. Die Herausgeber sind dankbar dafür, dass Angehörige der ersten Soldatengenerationen der Bundeswehr sich kritisch mit der Inneren Führung auseinandersetzen und uns ihren Rat mitteilen.

Gerhard Brugmann, Generalmajor a. D., unterstreicht in seinem Beitrag „Innere Führung ist Teil der Führung“, dass Praxisrelevanz für die Menschenführung in der Truppe von Anfang an das Kernproblem der Inneren Führung gewesen sei. „Es ging schlicht darum, das Menschenbild des Grundgesetzes in die Menschenführung der Bundeswehr aufzunehmen und – wenn manchmal auch mit vielleicht ein bisschen zu viel Getöse – sich von den Auswüchsen der Wehrmacht zu distanzieren. Am Anfang der Inneren Führung stand das Ringen um eine gute Menschenführung.“ Genau hier lägen auch heute noch ihre Defizite. Zwar habe sie manch Gutes bewirkt, aber „… eines ist ihr nicht gelungen: von der Truppe verstanden zu werden.“ Als Ausweg aus diesem ‚60jährigen Dilemma‘ sieht Brugmann die Unterstellung des Zentrums Innere Führung unter die Führungsakademie sowie die Höherdotierung des Kommandeursdienstpostens dieser Einrichtung.

Gustav Lünenborg, Oberstleutnant a. D., beginnt seinen Beitrag, wie es der Titel „Es ist Zeit, ‚Innere Führung‘ und ‚Staatsbürger in Uniform‘, vom Schlachten heiliger Kühe“ erwarten lässt, mit einem Paukenschlag: „Der Begriff ‚Innere Führung‘ ist verschlissen. Er kann verlustlos durch ‚Bundeswehr in Staat und Gesellschaft‘ ersetzt werden. ‚Staatsbürger in Uniform‘ ist für eine Berufsarmee unpassend, weil selbstverständlich. Der Begriff kann ersatzlos entfallen.“ Diese Konsequenz überrascht. Denn Lünenborg hat sich in seinem erst vor zwei Jahren erschienenen Buch „Bürger und Soldat“ und in seinen Statements in zahllosen öffentlichen Diskursen als ein engagierter Verfechter und profunder Kenner der Inneren Führung ausgewiesen. Wie begründet er diese überraschende Kehrtwendung? Ursache dafür sind nicht so sehr Ideen und Inhalte der Inneren Führung, sondern ihre aktuelle Wahrnehmung und eine Vielstimmigkeit der Interpretationen, was Innere Führung eigentlich ist. So schreibt Lünenborg: „Die ewige Diskussion um den Inhalt, der Unwille, sich ernsthaft mit dem Thema zu beschäftigen, die Genugtuung, einen Sündenbock für alles zu haben, was in der Bundeswehr nicht funktioniert, erzeugt eine tiefe Abneigung gegen die unverstandene ‚Innere Führung', die für sehr viele Soldaten aller Dienstgrade für eine unsoldatische Armee steht, in der mitunter pazifistischen Grundhaltung und Angleichung an Denken und Wünsche der Zivilgesellschaft wichtiger zu sein scheint als Entschlusskraft, Führungswille, Bereitschaft zum Kampf und Wille zum Sieg." Aus seiner Sicht wäre es eine ‚Befreiung', wenn die Innere Führung durch „Die Bundeswehr in Staat und Gesellschaft" ersetzt und das Leitbild des ‚Staatsbürgers in Uniform' abgeschafft würde. Es ist bedrückend und anregend zugleich, dass ein Soldat der ersten Stunde vor allem im intellektuellen Austausch mit jüngeren Soldatinnen und Soldaten sich zu dieser Position durchgerungen hat.

Die Vorschläge von Brugmann und Lünenborg sind aus Sicht der Herausgeber sehr bedenkenswert und sollten auch in den weiteren Jahrbüchern Innere Führung intensiv diskutiert werden.

Oberst i. G. Uwe Hartmann ist gemeinsam mit Prof. Claus von Rosen Herausgeber der „Jahrbücher Innere Führung".

Hamburg, 15. Dezember 2017

Sehr geehrter Herr Oberst, lieber Herr Hartmann.

Einen ersten Teil der Beiträge im Jahrbuch habe ich gelesen und bin von ihrem hohen Niveau beeindruckt. Natürlich freue ich mich, dass ich einer der Autoren sein darf.

Ihrer kritischen Besprechung meines Beitrages (I) stimme ich voll zu und freue mich, dass meine persönlichen Schlussfolgerunen Anstoß zur Überprüfung des Bisherigen sind. An meiner Haltung zur Substanz der „Inneren Führung“ kann es keinen Zweifel eben. Graf Baudissin hatte mich 1975 schon für seinen Stab im Institut angenommen. Ich hatte mich aus dem Genst Lg A bei ihm beworben. Wir kannten uns aus verschiedenen Veranstaltungen, zu denen ich ihn aus meinen Dienststellungen und auch als Mitglied des Kuratoriums der EvAk Nordelbien (HH/SH) eingeladen hatte. Dann bot P mir das größte Pionierbataillon der BW an.

Ich beobachte mit Interesse auch die mäandernde Diskussion um BW und Gesellschaft, Wehrmacht und Tradition in den Magazinen „.loyal“ und „Die Bundeswehr“. Bei erheblicher Auflagenstärke ist ihre Verbreitung und Leserschaft ja wohl nicht gering. Oft werden sie leider mit geringen Kenntnissen und aus dem Bauch geführt und gehen nicht auf den Punkt. Ich hoffe, mit meinem kleinen Buch wenigstens einigen „Entscheidern“ Anstoß zum Weiterdenken geben zu können. Ich werde, wie schon bei „Bürger u. Soldat“, das Büchlein gezielt verschicken. Ich war damals erstaunt, wie ausführlich vom Wehrbeauftragten über MdB/VtgAussch bis zum Kdr ZIF geantwortet wurde.

Ihre Bereitschaft, meinen Text im Jahrbuch und nun im neuen Buch aufzunehmen/zu drucken sehe ich mit Respekt und Hochachtung. Ihnen geht es um die Sache, d. h. die Idee, das Konzept „Innere Führung“ und darum, wie man ihm am besten Wirksamkeit und Dauer geben kann. Das ist auch mein Antrieb. Das heißt ja nicht, dass wir uns unbedingt von den Begriffen trennen müssen. Aber ich stelle sie auf den Prüfstand.

Lieber Herr Oberst. Frohe Festtage. Mit Dank für Ihre souveräne Toleranz

bin ich Ihr G. L.

*

Liebe Freunde. Hamburg, 27. Dezember 2017

Als Mike im Mai fragte: „Was meint Ihr dazu?“ ahnte ich nicht, dass am Ende unseres Gedankenaustausches ein kleines Buch stehen würde. Ich schicke es Euch heute und bedanke mich für Anstoß und Widerspruch.

Ich habe an Texten das ausgesucht, worüber ich frei verfügen kann, also meine eigenen Briefe. Die meisten Namen habe ich geändert, in den anderen Fällen geschieht es im Einverständnis der Betroffenen. Mit .loyal/Seliger hatte ich mich schon vor unserem Disput ausgetauscht und M i. G. Bohnert gab mir freie Hand.

Die Ankündigung beider Texte in der „Einleitung“ JB IF 2017 habe ich Euch beigelegt. Ich finde sie sehr lesenswert. Zeigen sie doch die Wirkung und die honorige Bereitschaft, unsere Anregungen aufzunehmen. Das ist u. a. nur möglich, weil unsere Fragen längst im Raum stehen und auf eine Beantwortung drängen.

„Innere Führung“ und „Staatsbürger in Uniform“ sind ohne die Verfassung von 1949 nicht denkbar. Das waren keine Korrekturen, sondern grundlegend Neues. Diese neuen Eckwerte waren dann der Kompass für „Menschenführung in der Bundeswehr“.

Eure Meinung zum Buch interessiert mich sehr. Ich werde es in den nächsten Tagen verschicken an eine Reihe Meinungsmacher vom Vorsitzenden des VtgAusschusses bis zum Wehrbeauftragten, vom Kdr ZIF bis zum Militärbischof, wie ich das mit „Bürger u. Soldat“ schon getan habe. Die z. T. sehr ausführlichen Antworten der Angeschriebenen haben mich damals überrascht und ermutigt.

Herzlich Euer G.

*

Lieber Hongkyu. Hamburg, im Dezember 2017

Es scheint nun doch schon eine Ewigkeit her zu sein, wo Du hier in Hamburg auf dem Lehrgang warst und so manches Mal bei uns in Nahe. Die Welt hat sich fleißig weiter gedreht, nicht alles hat sich zum Besseren entwickelt, aber manches doch.

Während Euer Nachbar Nord-Korea mit Atomwaffen droht, USA einen Lügner als Präsident gewählt hat, „America first" und ohne Gestaltungswillen als Weltmacht, Russland hemmungslos seine Machtinteressen ausspielt und China sich zum totalen Überwachungsstaat ausbaut, zerlegt sich EU-Europa selbst in seine Nationalstaaten und hört auf, ein Player auf der Weltbühne zu sein.

Aber noch haben wir Frieden und noch geht es uns in Deutschland wirtschaftlich blendend. Aber es ist schon kurios: endlich ist Frankreich stabil und auf eindeutigem Europa-Kurs, da fällt der europäische Zentralstaat Deutschland aus. Vor Ostern werden wir keine Regierung haben und wenn es Neuwahlen gibt, wird es Mitte 2018.

Auch die Bundeswehr hat ein bewegtes Jahr hinter sich. Die Verteidigungsministerin hat mehr Ambition auf Soziales und weniger Zugang zu den Besonderheiten des Militärischen. Die Personalstärke ist, gemessen an den zahlreichen Auslandseinsätzen, zu gering, das Material lässt oft zu wünschen übrig.

Seit Frühjahr läuft im Kameradenkreis ein Gedankenaustausch zu Rechtsradikalismus in der Bundeswehr, Wehrmacht – Bundeswehr – Tradition, Demokratie und Krieg und besonders zu den ethischen Grundlagen der Bundeswehr, „Innere Führung" u. „Staatsbürger in Uniform". Ich habe aus meinen Beiträgen ein kleines Buch gemacht „Verstand und Emotion, zum Offiziersberuf heute, 10 Briefe". Es wird in dieser Woche gedruckt u. ich schicke es Dir im Januar.

Herzlich G.

*

Hamburg, 26. Februar 2018

G. L. OTL a. D.

„Der gute Soldat"

O. i. G. Dr. Uwe Hartmann

Besprechung für Amazon

Hier schreibt ein promovierter Generalstabsoffizier mit einem bemerkenswerten Werdegang zwischen In- und Ausland, Praxis und Lehre. Klug, weltoffen, gebildet. Hartmann buchstabiert das Baudissinsche Ideal vom „Staatsbürger in Uniform" für die Armee im Einsatz: Beteiligung an der gesellschaftlichen Debatte, Werte als Energiezentrum des guten Soldaten, Kraft aus der staatsbürgerlichen Verantwortung, Dialog als Voraussetzung für Vertrauen, persönliche Verantwortung, Bildung lebenslang.

Ein kluges Buch zur rechten Zeit.

*

Dem Brigadegeneral a. D. Heinz Laube begegnete ich auf der Leipziger Buchmesse 2017 bei Miles, unserem gemeinsamen Verlag. Wir fanden schnell freundliches Einvernehmen und tauschten unsere Bücher aus. Während der Lektüre seines „Duell am geteilten Himmel" schrieb ich ihm einen Brief.

Hamburg, 28. April 2018

Sehr geehrter Herr General.

Ich bin mitten drin (etwas vor der Mitte) und lese bewegt die Sonnenaufgänge über Griechenland und Ihren Besuch bei den Eltern des verunglückten Oberleutnants, Ihre kurzen Skizzen von Vorgesetzten und Kameraden und Ihre Bemerkungen zu Politik und Verantwortung des Offiziers. Und immer wieder die Musik von der ersten Stunde an: Ich will fliegen!

Nun zieht sich mein Lesen etwas hin, aber ich will mich schon jetzt herzlich bedanken für das schöne Buch, Ihre Widmung und Ihren Brief zu meinem kleinen Buch „Verstand und Emotion".

Wir haben ja im Wesentlichen in derselben Zeit gedient. Ich wollte 1956 Starfighterpilot werden, habe einen Augenfehler und wurde abgelehnt. Dass ich ursprünglich Architekt hatte werden wollen, erschien den Prüfoffizieren „Pioniere" genau richtig. Wenn schon, dann etwas Besonderes, dachte ich mir, also Luftlande- oder Gebirgsdivision. Ich kam zu den Gebirgspionieren. Da ich damals die 1. Hockeymannschaft Jahn-München trainierte und der Präsident ein Bruder des Personalchefs des Heeres war, gelang das kleine Wunder, wohl mit etwas Unterstützung von oben.

Die Luftwaffe war dann fern und die ganz besondere Welt der Flieger lerne ich nun erst durch Ihr Buch so richtig kennen. Wenn nicht zwei Welten, dann doch Boden und Luft. Menschen, politischer Rahmen, Ethik und Verantwortung gemeinsam, die Verschmelzung von Mann und Werkzeug, Pilot und Flugzeug singulär.

Ich war damals (1960?) Adjutant meines Kommandeurs, als einer meiner Oberleutnantskameraden, ohne anzuklopfen weinend in mein Dienstzimmer trat: „Ich muss sofort zum Kommandeur!" Sein Bruder war wenige Stunden vorher mit seinem Starfighter abgestürzt.

Diese Dichte am Tod hatten wir Heeressoldaten in den langen Jahren des Kalten Krieges nicht. Ihre Begeisterung über das Flugzeug Starfighter habe ich überrascht gelesen.

Natürlich habe ich mich sehr gefreut, dass Sie, Herr General, mein kleines Buch gelesen haben und darüber, was Sie dazu schreiben. Seine Entstehung war ein Prozess, an ein Buch hatte ich zunächst nicht gedacht. Die Forderung, die Begriffe „Innere Führung" und „Staatsbürger in Uniform" zu ersetzen, war ernst gemeint und dennoch als Provokation. Bundeswehr und Politik werden sich von den Begriffen nicht trennen. Maj i. G. B. begegnete ich kürzlich in der BW-Universität. Er stellte sein jüngstes Buch vor, erweitert aus seiner Masterarbeit.

Mein Enkel überlegt, Offizier zu werden. Ich hatte bisher mit ihm einige Gespräche. Vor 40 Jahren wäre mir ein Rat leicht gefallen.

Herzliche Grüße G. L.

*

Mein Enkel steht vor seinem Abitur und erwägt, Offizier zu werden. Er fragt: „Opa, was meinst Du dazu?" Wir hatten dann mehrere Telefongespräche. Schließlich schrieb ich ihm einen Brief.

Hamburg, 17. Mai 2018

Lieber Niklas.

Ich schicke Dir heute einen Artikel aus der Zeitschrift .loyal. Die Zeitschrift berichtet oft kritisch, aber sehr informativ, so auch meines Erachtens in ihrer Ausgabe 3/18 zum Thema: „Ich will Offizier werden."

Darüber denkst Du ja nach. In zwölf Monaten machst Du Dein Abitur, die Berufswahl steht also an. Du hast einen Opa, der mit Überzeugung und Leidenschaft Offizier war und auch Hans-Christoph denkt sehr gerne an seine Zeit als Offizier zurück. Mit Deinen Eltern warst Du in einer Informationsveranstaltung. Das finde ich prima, denn es gibt weniges, was im Leben so wichtig ist, wie der passende, der richtige Beruf. Du musst herausfinden, ob es „Dein Ding" ist.

Ja, ich war sehr gerne Soldat, aus tiefer Überzeugung und stolz auf meine Aufgaben und meine Arbeit. Ich habe sehr gerne in dieser soldatischen Gemeinschaft gelebt, in einer klaren Ordnung und dennoch mit unglaublicher Freiheit in Denken und Handeln. Ich habe gerne Soldaten geführt, in Respekt und Kameradschaft, schließlich habe ich gerne entschieden, was gemacht wird. Ich habe die Uniform gerne getragen.

Dir ist inzwischen klar, lieber Niklas, dass nicht jeder genommen wird. Ein anständiges Abiturzeugnis ist die erste Voraussetzung. Auch ich war in der Schule keine Überflieger. Aber damals nach dem Krieg waren andere Zeiten. Auch mit mittleren Zensuren konnte man in jedes Studium, in jeden Beruf. Deine Mutter hatte auch kein Spitzenabitur, aber sie hatte daneben viel zu bieten, heute würde man wohl sagen: eine hohe Sozialkompetenz. Sie war Gruppenleiterin im CVJM, sie betreute behinderte Kinder und am Wochenende oft alte und zum Teil schwer behinderte Menschen in einem Seniorenheim. Dass sie schon früh durch Zeitungsaustragen ihr Taschengeld aufbesserte, kam hinzu. So wurde sie bei strenger Auswahl zur Ausbildung für ihren Beruf angenommen, obwohl viele andere bessere Abiturzeugnisse hatten.

Computer spielen allein reicht also nicht, Fußballmannschaft ist schon besser. Aufmerksamkeit für Politik und Kultur ist wichtig für jeden Führungsberuf, ob zivil oder in Uniform. Deine zahlreichen Fähigkeiten sind ein guter Einstieg.

Der Offiziersberuf ist ein besonderer Beruf. Du solltest noch einmal in mein kleines Buch „Zum Offiziersberuf heute" schauen und den 2. Brief „Eckpunkte zur Abstimmung" lesen. Ich war gerade in der Bundeswehruniversität und habe mit ca. 150 Offiziersstudenten über Grundlagen des Berufs diskutiert und sehr gespannt ihren Ansichten zugehört.

Mit 17 Jahren ist man sich in Vielem noch nicht sicher, man weiß ja nicht mal genau, wozu man fähig ist und welche Talente sich noch entwickeln lassen. Das ist normal. Aber wenn man überlegt, Offizier zu werden, sollte ein Grundinteresse an Staat und Gesellschaft, eine Zustimmung zu Demokratie, Recht und Freiheit und die Bereitschaft, sich dafür einzusetzen erkennbar sein, auch die Freude, Menschen zu führen (die kann man schon in der Klasse, im Freundeskreis, im Sport erkennen), eine eigene Meinung zu haben und diese auch gegen andere Meinungen zu vertreten. Die Bereitschaft, für seine Ziele hart zu arbeiten ist selbstverständlich.

Skifahren und Klettern sind die Sahnehaube, wenn das andere stimmt (und man das Glück hat, in die Gebirgsdivision zu kommen).

Ich will Dich nicht entmutigen und wäre ein stolzer Großvater, wenn Du die Offiziersprüfung bestehst. Aber bei einer so wichtigen Entscheidung muss man einigermaßen wissen, wohin man geht und ob man es tatsächlich will. Dann kann man es mit Kraft ansteuern. Wenn man ein festes Ziel hat, ist das schon der halbe Erfolg. Dann kann man deutlich machen, dass man es sich gut überlegt hat und trotz nicht ganz so guten Noten die Prüfer überzeugen.

Die Frage ist also: Was ist das Besondere an diesem Beruf, was muss ich einbringen und was wird er mir geben? Und schließlich: Ist er das, was ich will und was ich mir zutraue? Wofür engagiere ich mich heute, was ist mir wichtig?

Offizier ist kein Beruf wie jeder andere.

Gegenüber meiner Zeit hat sich der Beruf durch die weltweiten Auslandseinsätze in Spannungs- und Kriegsgebiete tiefgreifend verändert. Sie bedeuten Lebensgefahr (was eigentlich immer zum Soldatenberuf gehört) und große Belastungen für Partnerschaft und Familie. Der Offizier verkörpert die Wehrfähigkeit unseres Landes in der Gemeinschaft der freien demokratischen Rechtsstaaten der NATO. Wo es Erfolg verspricht und eine Anforderung der UNO vorliegt, setzt der Bundestag die Bundeswehr auch weltweit ein im Kampf für Recht und Freiheit. Der Waffeneinsatz gehört dazu, oft auch der Kampf. Neben den Gefahren weiten diese Einsätze den Blick, schaffen meist große Kameradschaft, zeigen, wie viel man leisten kann. Meist helfen sie Menschen in Not und Gefahr.

Mit dem Diensteid, lieber Niklas, vertraut sich der Offizier der Entscheidung des Parlaments an, wann und wo er eingesetzt wird. Du wirst nicht gefragt, ob Du mit einem bestimmten Einsatz einverstanden bist, sondern Du hast zu gehen, auch wenn Du vielleicht aus Deiner persönlichen Beurteilung den Einsatz für falsch hältst. Anders funktioniert Militär nicht, Befehl und Gehorsam gehört zu seinen Bedingungen. Unsere Verfassung setzt die Grenzen für militärische Einsätze, das Parlament hat sich daran zu halten.

Weshalb brauchen wir Soldaten?

Die globalen Probleme betreffen jeden, oft greifen sie direkt in unser Leben ein, wie Umweltkatastrophen, Terror, Kriege, Flüchtlinge aus Kriegsgebieten, Internetmissbrauch, Massenvernichtungswaffen. Diese globalen Probleme bedrohen aber unsere Lebensweise, unsere Werte, unseren inneren gesellschaftlichen Frieden. Nationalstaaten können globale Probleme allein nicht einmal begrenzen, geschweige denn lösen.

Auch deshalb ist Deutschland Mitglied großer Bündnisse, z. B. der Europäischen Union, der NATO oder der Vereinten Nationen. Die Solidarität ist die Stärke der Bündnisse. Als Einzelstaat ist man schwach, gemeinsam ist man stark. Wird Einer angegriffen, verteidigen ihn alle. Findet irgendwo auf der Welt ein Völkermord statt, eine Massenflucht oder eine Hungersnot und beschließt die UNO, dagegen einzugreifen, sind wir zu Unterstützung verpflichtet. Sind Regeln auszuhandeln für den Umgang der Staaten miteinander, dann sind wir im Bündnis stark, als Nationalstaat hilflos.

Diese Bündnisse, lieber Niklas, haben gemeinsame Werte, auf deren Verteidigung sie sich verpflichtet haben: Menschenrechte, Völkerrecht, Freiheit, Demokratie. Das sind auch die Werte unserer Verfassung. Was geht uns die Not in anderen Ländern, vielleicht sogar in anderen Kontinenten an, könnte man fragen. Uns geht es doch gut und unseren Nachbarn auch. Nun, wie dicht Not und Krieg an unser Land herankommen können, das haben wir vor wenigen Jahren im Jugoslawienkrieg erlebt und ab 2015 durch die Millionen Flüchtlinge, die aus den Kriegsgebieten Syrien, Libanon, Afghanistan, aus Afrika nach Europa fluten und viele Millionen sind weiter auf der Flucht und schauen sehnsüchtig nach EU-Europa, besonders nach Deutschland. Unser Wohlstand kommt ganz wesentlich aus freiem Handel weltweit und offenen Grenzen. Wenn wir Wohlstand und Freiheit in unserem Land erhalten wollen, muss die deutsche Politik alles daran setzen, Konflikte einzudämmen, Kriege zu beenden, Hunger zu lindern, den Menschen in ihren eigene Ländern eine Überlebenschance zu sichern. Die Bundeswehr ist dabei ein wichtiges Instrument. Als Offizier würdest Du in entsprechenden Einsätzen an vorderster Front stehen in einer großen, ehrenhaften, humanen Aufgabe.

Was ist das Besondere des Offiziersberufs?

Wer bereit ist, auf Befehl Waffen gegen Menschen und Material einzusetzen und dazu auch seine Soldaten auszubilden und zu erziehen, hat einen besonderen Beruf.

Die Ursachen für Kriege und Hunger sind zahlreich, die Zusammenhänge meist kompliziert. In unserem Land sollte nur der Soldaten führen, der politisch mitdenkt, der möglichst mitwirkt an den politischen Entwicklungen, der seinen Soldaten erklären kann, warum sie in Einsatz und Krieg gehen. Als Offizier wärest Du kein Söldner, der jeden Befehl ausführt, sondern Bürger und Soldat, also Bürger in Uniform, der mitdenkt und mitwirkt, dessen staatsbürgerliche Rechte vom Gesetz geschützt sind. Ohne Soldaten lassen sich viele Krisen nicht in Grenzen halten oder gar überwinden. Ohne Soldaten sind wir selber schutzlos und können anderen Menschen in Gefahr keinen Schutz bieten. Heute stehen die Auslandseinsätze im Vordergrund, morgen kann es die Verteidigung unseres eigenen Landes sein.

Erklären kann man das seinen Soldaten und seinen Mitbürgern nur, wenn man selber davon überzeugt ist.

Wenn Du Offizier wirst, lieber Niklas, wirst Du Deine Soldaten unter ganz anderen Bedingungen und in ganz andere Einsätze führen, als ich es tat. Wir hatten einen eindeutigen Feind, den Warschauer Pakt unter Führung der diktatorischen, bedrohlichen Sowjetunion und der stand hochgerüstet an der Grenze unseres eigenen Landes. Wir waren Teil eines starken Bündnisses demokratischer Staaten unter Führung der USA, deren Stärke und Entschlossenheit unsere Überlegenheit sicherte. Wir waren durch die Allgemeine Wehrpflicht in unserer Bevölkerung tief verankert und hatten durch sie große Reserven für Mobilmachung und Krieg. Ein Angriff hätte nur von Osten kommen können und Deutschland wäre das Hauptkampfgebiet gewesen. Eine einfache, übersichtliche Lage. Wir wollten nicht wehrlos sein, wir wollten mit einem starken Bündnis den Feind abschrecken und den Frieden bewahren. Wir hatten Erfolg.

Wenn Du Offizier im Heer wirst, hast Du wahrscheinlich Soldaten zu führen in fremden Ländern mit fremder Sprache, in fremden Kulturen, mit fremden Werten, in meist unübersichtlichen politischen Verhältnissen. Oft wird der feindliche Kämpfer nicht zu erkennen sein, an das Kriegsvölkerrecht hält er sich nicht, Sprengfallen, Hinterhalte, Terrorakte, bewaffnete Drohnen in der Luft, modernste Technik in Helm und Fahrzeug, Cyberkrieg, Seite an Seite mit Kameraden aus anderen Nationen. Das ist nicht das tägliche Leben des deutschen Soldaten, aber erwartbar im Einsatz. Und der gehört dazu.

Und wohin wird sich das Kriegsbild weiter verändern, wenn Du Deine Offiziersausbildung abgeschlossen hättest, wohin zwischen archaischen Weltgegenden und Smart Cities? Welche Rolle wird der Soldat haben zwischen dem analogen Kämpfer und dem Cyber-Krieger? Wie wird globale Sicherheitspolitik den großen Crash verhindern und den kleinen Krieg begrenzen, möglichst beenden? Die Welt bleibt spannend, es ist Deine Welt.

Wie verläuft die Ausbildung

Zunächst sechs Monate im Offiziersanwärterbataillon, dann der Offizierslehrgang, das Studium, weitere Offizierslehrgänge, Führerscheine, Einzelkämpferausbildung, insgesamt mindestens drei Jahre.

Das Vollstudium bis zum Master hat einen guten Ruf, die militärische Ausbildung wird auf gutem Niveau sein. Nach den drei Jahren der Einsatz als Zugführer, später Kompaniechef und schließlich die Ausbildung zum Stabsoffizier. Wer weiß, was er will und Leistung zu bieten hat, findet auch heute dazu viele weitere spannende Ausbildungen und Verwendungen: Spezialist an Waffen und Gerät, Sprachausbildung, für einige Fallschirmspringer, für wenige Heeresbergführer. Natürlich ist da die „Division Schnelle Kräfte“, die Elitesoldaten für besondere Einsätze, seit Neustem das Cyber-Kommando mit 13.000 Soldaten als Aufstellungsziel und schließlich internationale Militärstäbe, Militärbeobachter z. B. für die KSZE. Da sind auch noch die Sportkompanien für Spitzenleistungen. Vor den Rosinen stehen immer die Qualifikation und zunächst der normale Truppendienst. Mehr hierzu und natürlich über Luftwaffe und Marine findest Du reichlich im Internet.

Und nun zum Geld

Der Leutnant verdient ca. 2.500 (A9), der Oberstleutnant ca. 5.000 Euro (A14).

Dies sind sehr grobe Richtwerte. Davon ist u. a. Lohnsteuer zu zahlen. Genaues findest Du im Internet. Das Studium gehört zur Ausbildung, die Freie Heilfürsorge deckt knapp 70 % der Krankheitskosten für Dich und Deine Lebenspartnerin ab, die Pension nach Ende der Dienstzeit ist eine weitere, sehr wesentliche Leistung zum Gehalt dazu.

Reichtümer kannst Du in diesem Beruf nicht sammeln, das schnelle Geld auch nicht. Aber Du wirst ordentlich und angemessen bezahlt und bist bei Krankheit und im Alter gut gesichert. Wenn Du vernünftig wirtschaftest, hast Du keine Geldsorgen, also den Rücken frei. Das ist ein gutes Gefühl.

Wer wegen der finanziellen Sicherheit Offizier wird, hat die falsche Entscheidung getroffen. Neben einer erstklassigen, lebenslangen

Aus- und Weiterbildung liegt die Attraktivität dieses Berufes in der Vielfalt der besonderen Aufgaben und der frühen Verantwortung des Offiziers für Menschen und Gerät in besonderen Herausforderungen. Wer zuerst an Sicherheit und Geld denkt, wird in diesem Beruf nicht glücklich werden.

In welchem Zustand ist die Bundeswehr?

Der Zustand der Bundeswehr in manchen wichtigen Bereichen, z. B. beim Einsatzstand von Material und Waffen, ist seit Jahren beklagenswert schlecht. Nach dem Zusammenbruch des Warschauer-Paktes 1989 und damit der militärischen Bedrohung aus dem Osten glaubten Viele, der ewige Friede sei gekommen. Seitdem wurde die Allgemeine Wehrpflicht ausgesetzt, die Landesverteidigung sehr stark vernachlässigt, die Auslandseinsätze immer weiter erhöht und gleichzeitig nicht das benötigte Geld zur Verfügung gestellt. Aber das wirst Du, lieber Niklas, auch schon selber gehört haben. Ich gehe davon aus, dass unter der derzeitigen Ministerin und Koalition sich das in den nächsten vier Jahren nicht ändern wird. Dann zwar muss eine tiefgreifende Verbesserung kommen, weil die Bundeswehr sonst den Anschluss verliert, unsere Partner im Bündnis das nicht länger hinnehmen werden und weil das politisch nicht zu verantworten ist. Möglich, dass die wachsende militärische Bedrohung aus Russland und die chinesische Expansion schon vorher ein Umdenken von Regierung und Parlament erzwungen haben. Dich, lieber Niklas, würden diese unerfreulichen Zustände zunächst nicht betreffen, Du wärest in Ausbildung und Studium, aber eine bessere Zukunft ist nicht garantiert.

Was ist die Nagelprobe des Offiziersberufes?

Meinungsfreiheit, Pressefreiheit, Gewaltenteilung, Durchsetzung des Rechtes sind die Perlen unseres Zusammenlebens. Es ist Aufgabe des Staates, sie zu erhalten, es ist Aufgabe der Bürger, ihn dazu zu befähigen. Die Bundeswehr ist eines der wichtigen Instrumente dafür. Deshalb ist der Beruf des Offiziers für das Wohl der Gemeinschaft unverzichtbar.

Nach unserer Verfassung und unserem Selbstverständnis ist der Wesenskern dieses Berufes die Bereitschaft zur ethisch begründeten

Tat. Nicht das Managen einer Militärorganisation, nicht die Professionalität an Waffen und Gerät sind die Nagelprobe, sondern das ethische Bewusstsein, das Bewusstsein und der Wille, für Werte zu stehen und sich aktiv dafür einzusetzen. Dann ist es ein lebenswerter, ein ehrenhafter, ein großer Beruf. Nationalismus und Radikalismus sind damit nicht vereinbar.

Diesen Absatz, lieber Niklas, wirst Du am besten mehrmals lesen. Wir sollten uns darüber unterhalten.

Widerspruch

Deine Großmutter sieht manches anders. Sie glaubt, dass unsere Soldaten oft für falsche Politik Gesundheit und Leben einsetzen müssen, z. B in Afghanistan. Sie meint, dass die Bundeswehr kurzsichtig kaputt gespart wurde und es jetzt nicht zu verantworten ist, die Soldaten mit mangelhafter Ausrüstung in lebensgefährliche Einsätze zu schicken. Und schließlich bemängelt sie ein geringes Ansehen der Soldaten in unserer Gesellschaft, der es egal ist, ob und wo die Bundeswehr eingesetzt werde. Da Deine Großmutter eine kluge Beobachterin unserer Welt ist, solltest Du ihr Urteil nicht gering schätzen.

Überhaupt: Widerspruch ist das Salz, ohne das nichts gelingt. Du musst ihn nicht nur aushalten, sondern suchen und immer wieder erproben, ob Deine Argumente besser sind. Diesem Training darfst Du Dich nicht entziehen. Es ist nicht selbstverständlich, wenn man für den Einsatz von Waffen ist, um Recht und Freiheit zu verteidigen, auch seine Art zu leben und seinen Wohlstand. Wenn sogar Nuklearwaffen dazu gehören, dann wäre die Vernichtung von Menschen und Material so gewaltig, dass der Pazifismus eine gleichwertige Entscheidung wird. Du musst Dich aber für einen Weg entscheiden. Bisher spricht vieles dafür, dass die Feststellung „Wenn Du den Frieden willst, bereite den Krieg“ immer noch richtig ist. Ein Risiko bleibt. Als Offizier zeigst Du Deine Entscheidung durch die Uniform öffentlich. Es ist gut, wenn man sich seiner Sache sicher ist. Es ist Deine Entscheidung.

Du musst also Deine ganz eigene Entscheidung treffen. Dazu besteht zunächst kein Zeitdruck. Aber Du solltest die Zeit nutzen und an Deinen Schulnoten arbeiten.

Fremdsprachen sind wichtig. Geschichte ist Dein Lieblingsfach. Das freut mich sehr. Denn ohne Kenntnisse über das 20. und 19. Jahrhundert kann man das heutige Geschehen nicht einordnen und bewerten und das ist für eine eigene Meinung Voraussetzung.

Gerne würde ich Dir zu Deutschlandfunk, Phoenix und meiner Süddeutschen Zeitung raten. Objektive Informationen gibt es nicht, aber diese Quellen sind neben einigen wenigen anderen am ehesten vertrauenswürdig. Aber Du bist in anderen Medien unterwegs. Informationen im Internet sind oft auf den Zweck einer großen oder bestimmten Leserschaft manipuliert. Aber das weißt Du selber.

Lieber Niklas. Dieser lange Brief mag Dich nicht entmutigen. Es ist ja auch nicht unser erstes Gespräch. Ich wollte Dir eine ehrliche Antwort geben. Ich war nicht in Afghanistan oder in Mali. Ich war nicht im Krieg. Ich bin, wie Du natürlich weißt, seit langen Jahren pensioniert. Aber ich bin dicht genug an der Bundeswehr und glaube, Dir Zutreffendes sagen zu können. Es gibt außerdem einige sehr gute Fernsehfilme über den Einsatz in Afghanistan und einige lesenswerte, gut lesbare, spannende Bücher darüber. Die kannst Du bei mir ausleihen.

Du bringst vieles für diesen Beruf mit: Du bist ein guter Sportler, Du bist an Politik und Gesellschaft sehr interessiert, Du bist schlagfertig und witzig, Internet und moderne Medien gehören zu Deiner Welt, Du magst Menschen, Du arbeitest gerne im Team, Du überlegst ernsthaft, Offizier zu werden. Ich glaube auch, dass Du ein guter Vorgesetzter Deiner Soldaten werden kannst. Vieles kommt schlussendlich viel lockerer daher, als es auf dem Papier aussieht. Und auch hier gilt: Entscheidend ist, was Du daraus machst. – Schön, dass Ihr das letzte Wochenende hier ward und besonders freuen wir uns, weit voraus, auf unsere gemeinsame Woche im Herbst.

Herzlich grüßt Dich

Dein Opa.

Wenn Du Fragen hast, ruf mich an oder schick eine Mail.

*

Hamburg, 6. Juni 2018

Lieber Hendrik.

(nach einer Buchvorstellung an der BW-Universität)

Natürlich habe ich mit großer Aufmerksamkeit Deinen Brief an Prof. Meißner gelesen. Ich stimme ihm in allen wesentlichen Punkten zu. Wie immer zeigt sich Deine fachliche Kompetenz. Deine Disziplin in der Konzentration auf das Wesentliche ist auch für mich vorbildlich. Erlaube mir diese kameradschaftliche Bemerkung. Ich liebe diese zur Klarheit geschulte Sprache unseres Berufs.

Die Benennung der vier Ziele der Inneren Führung und die Feststellung „Auftrag erfüllt" sind überzeugend, die Verweisung der „umfassenden Führung" an die Führungsakademie genauso konsequent. Ist Dein Text nicht besonders geeignet für das „Jahrbuch IF 18"? Er könnte ein Motor in der Reform sein.

Ich habe noch Schwierigkeiten mit dem Begriff „Militärethik", habe aber auch noch keine überzeugende Alternative. Ich arbeite z. Z. an einem Papier zum selben Thema, ggf. auch für das Jahrbuch. Da steht noch der Begriff „Bundeswehr in Staat und Gesellschaft", unter dem ggf. „Ethik" einzugliedern wäre. Ich suche einfache Vokabeln und einfache Aussagen. Aber … Ich werde Dir dann den Entwurf schicken.

Ganz zustimmen kann ich Deiner Bewertung von B's Masterarbeit nicht. Auch ich schätze B. sehr. Wahrscheinlich ist er einer der kreativsten, einflussreichsten und zielstrebigsten jungen Offiziere heute und wird wohl Karriere machen. In einer Zeit des Rückzuges und des geringen Gestaltungswillens ist er ein Glücksfall. In „unserer" Sache ist er auf dem Weg. Seine Masterarbeit zeigt, dass er (Gesamt-)Führung noch nicht verstanden hatte, von Truppenführung ist nicht die Rede, vielmehr war er noch dem Zeitgeist erlegen: ‚Innere Führung (allein) ist die Führungslehre der Bundeswehr, sie bestimmt das Verhalten als Führer.' – Mir fehlte hier noch die notwendige Klarheit.

Schließlich: Ich habe die Diskussion in der BW-Universität nicht als „hochkarätig" empfunden. Meißners Eröffnung war interessant genug, dass Du sie aufspießt. Am besten hat mir die kräftige, selbstbewusste Begrüßung durch einen Oberleutnant gefallen, der wohl den gastgebenden Arbeitskreis vertrat. Wie überhaupt die Offiziersstudenten einen guten Eindruck machten. Das Buch von B. geriet völlig aus dem Blick, was Innere Führung sein soll, wurde nicht klarer.

Nach diesen Petitessen zurück zum Wesentlichen. Danke für Deinen Text.

Herzliche Grüße Dein G.

*

Hamburg, im August 2018

Lieber Hendrik.

Und nun zu Deiner Frage nach meiner verpassten Karriere. Natürlich freue ich mich, dass Du eine gute Meinung von mir hast. Ich bin danach so manches Mal gefragt worden. Ich bin da sehr locker u. habe damit ein sehr geringes Problem.

Ich kenne sehr wohl meine Stärken, aber auch meine Schwächen. Pionierfachlich gab es manchen, der besser war als ich. – Ich bin mit 34 Major u. mit 35 Oberstleutnant geworden, also sehr früh. Vielleicht hatte P Pläne mit mir, aber ich habe ab da hartnäckig u. erfolgreich alle weiteren Verwendungen selber u. sehr langfristig ausgesucht und, oft auch gegen Widerstand, bekommen. Zuletzt gegen den deutlichen Widerstand vom Staatssekretär PKW.

Ich wollte nie Stellvertreter sein. Die Angebote, ins Ausland zu gehen oder nach Bonn oder in eine i. G.-Verwendung im TK S-H habe ich nicht angenommen. Ich habe keine Silbernen Löffel geklaut. Ich wollte immer lieber der Erste im Dorf als der Zweite in der Stadt sein. So waren die letzten 20 Berufsjahre in Kdr-Verwendungen, auf dem kl. GenstLg, als Dozent an der FüAk, für mich große berufliche Erfüllung. Ich wäre gerne Oberst geworden, aber das war nie vorrangiges Ziel. Es fehlte wohl auch das Streben nach weiter oben, was zu einer beruflichen Karriere gehört. In meiner Ebene war ich immer einer der Besten, immer ein freier Mann, autonom mag zu hoch gegriffen sein, aber wo ich war, war ich die Bundeswehr, man schaute auf mich u. man hörte auf mich. Sehr vermessen? Sicher.

Dass ich dabei die Entwicklung meines schwer behinderten Sohnes im Auge hatte, war selbstverständlich. Ab seinem fünften Lebensjahr (Bremen) brauchten wir für die Familie einen festen Platz. Aber es wäre ganz falsch, hier die alleinigen Gründe für meine Entscheidung zu suchen.

Herzlich G.

Anh.: Text JB IF 18

*

Hamburg, 6. August 2018

Lieber Hendrik.

...

Was nun Graf von Baudissin betrifft: Von seiner Eitelkeit wird oft berichtet. Nach der Veröffentlichung von „Bürger u. Soldat“ rief mich der Oberst a. D. K. n. Er eröffnete: „Ich bin Ihr Geschichtslehrer von der HOS.“ Er lobte mein Buch außer der Passage zu B. Mit dem sei er im Amt Blank zusammen gewesen u. habe ihn als sehr eitlen Offizier in Erinnerung.

Ich selbst habe vieles von B. nicht gelesen. Aber sein Konzept „Innere Führung“ habe ich früh begriffen. Es war mir auf den Leib geschrieben. Es entsprach so ganz meinem Denken u. trug durch die ganze Berufszeit. Wenn ich aus Kopf u. Herz formulierte, war ich auf keinem Podium, in keinem Gespräch zu schlagen. Und es ging mir nicht primär um das Gewinnen, so gerne ich das tat, es ging mir darum, als Träger eines außerordentlichen u. ethisch extrem fordernden Berufes, als Bürger u. Soldat vor mir selbst u. anderen zu überzeugen.

B. erlebte ich das erste Mal um 1970 im Ratskeller (?) in Bremen. Er trug zur „Inneren Führung“ vor. Der Keller war überfüllt mit meist älteren Männern, wahrscheinlich viele ehem. Wehrmachtssoldaten. B. entwickelte seine Gedanken ohne Blickkontakt zu seinem Publikum. Abgesehen von der verbreiteten Meinung, er sei der „Totengräber des Soldatentums“ u. der Befürworter der „unsoldatischen Armee“ wurde er auch deshalb niedergeschrien.

Ich habe ihn danach in meinen sicherheitspolitischen Arbeitskreis an die STTr II in Bremen eingeladen. Ich kannte ihn persönlich nur aus dem Ratskeller. Ich hatte als Pionierlehrer wenig zu tun u. eignete mir das (nicht vorhandene) Amt des Jugendoffiziers Bremen-Nord an. Der Kommandeur, BrigGeneral, 7. Kind aus bäuerlicher Familie, ließ mir alle Freiheiten. Es wurde ein großer Abend im voll besetzten Offz-Heim bei betagtem Offz-Korps.

Später war B. mehrmals mein Gast an der EvAk Nordelbien in Bad Segeberg. Ich war Mitglied des Kuratoriums. Er hinterließ immer einen guten bis tiefen Eindruck. Dass der Denker Baudissin wenig im Blickkontakt mit seinen Zuhörern kommunizierte, war bei diesem Publikum kein Problem, sie dachten mit u. warteten auch nicht auf unsoldatische Thesen dieses bei Soldaten meist mit Misstrauen betrachteten Generals. Auch im Verteidigungskreiskommando war der Abend mit ihm ein großer Erfolg vor starkem Andrang der „Multiplikatoren", Landräte, Kommandeure, Generalstabsoffiziere und Bürgermeister der Städte meines VK. Übrigens: Nach seiner Pensionierung hatte B. als Direktor des „Instituts für Friedens- u. Sicherheitspolitik" in seinem Stab die Stelle für einen GenstOffz. Während meines kl. GenstLg bewarb ich mich. B. nahm mich sofort an. Das Personalamt bot mir gleichzeitig das PiBtl 6 in Plön an und ich brauchte nicht lange zu überlegen.

B. kam immer, wenn ich ihn einlud. Dass sich zwischen ihm u. mir, ganz besonders zu meiner Frau ein Verhältnis gegenseitiger Sympathie entwickelte, vermehrt meine gute Erinnerung. Ich hätte ihn gebeten, das Vorwort zu „Bürger und Soldat" zu schreiben.

Herzlich G.

*

Mein Beitrag im Jahrbuch Innere Führung 2017 „Vom Schlachten heiliger Kühe" hatte einige Aufmerksamkeit erregt. Die Herausgeber luden mich ein, für das JB 2018 meine Thesen zu vertiefen.

Hamburg, im August 2018

Neue Zeit, neue Begriffe?

Kann „Bundeswehr in Staat und Gesellschaft" „Innere Führung" ersetzen?

Wenn der letzte Panzer ausgeschlachtet ist, das letzte U-Boot stillgelegt und der letzte Hubschrauber nicht mehr fliegt, dann ist der Friedensträumer glücklich und der um die Sicherheit unseres Landes Besorgte längst alarmiert.

Es ist Zeit, Ballast abzuwerfen, um die Kernsubstanz zu erhalten. Der Wandel von der Bundeswehr im Frieden zu den Streitkräften im Einsatz erfordert neues Denken und ggf. auch neue Begriffe. Die Nachkriegszeit ist längst vorbei. Der Soldat braucht Normalität.

Es geht nicht um die Inhalte, sondern um die Begriffe.

Als ich im „Jahrbuch Innere Führung 2017" vom Schlachten heiliger Kühe schrieb, meinte ich nicht die Inhalte, sondern die Begriffe „Innere Führung" und „Staatsbürger in Uniform". Innere Führung ist längst in der Substanz der Bundeswehr, aber der Begriff zum Fetisch verkommen, unverstanden, ungeliebt, im Wege. Staatsbürger in Uniform war ein Ehrentitel zur Zeit der Allgemeinen Wehrpflicht, aber überhöhter Anspruch, ja Belastung in der Berufsarmee. Wir sprechen auch nicht vom Staatsbürger in Polizeiuniform, vom Staatsbürger im Lehramt oder vom Staatsbürger in Robe.

Eine Trennung der Inneren Führung in „Bundeswehr in Staat und Gesellschaft" und „Menschenführung" ist nicht mein Ziel. Sie wäre sogar ein Fehler gegen die Statik des Systems. „Innere Führung" regelte zuerst die Einordnung der Bundeswehr in das Gefüge des Staates (Parlamentsarmee). „Staatsbürger in Uniform" leitet sich davon ab und beschreibt den Soldaten als eigenständigen Bürger (Rechte und

Pflichten). Zwei Seiten einer Medaille, unterschiedliche, sich ergänzende Inhalte, zusammen ein Ganzes. „Menschenführung" ist nicht die dritte Seite der Medaille, sie ist deren Konsequenz. „Menschenführung", oft „zeitgemäße Menschenführung" genannt, meint in Deutschland sehr gezielt „Menschenführung in der Bundeswehr". Es gibt keine allgemeine zeitgemäße Menschenführung beim Militär. In Demokratie und Diktatur offenkundig nicht, aber schon zwischen England, Frankreich und Deutschland sind die Ausprägungen verschieden.

70 Jahre Bundeswehr. Noch heute schreiben wir Bücher, Masterarbeiten zum Thema: Was ist Innere Führung? Auch heute antwortet ein General im ZDF: „Innere Führung ist zeitgemäße Menschenführung" und der Oberst in der Diskussion vor Militärstudenten in der Bundeswehruniversität: „Innere Führung ist Kommunikation." Ist das alles?

Konsequent hatten die Schöpfer der Inneren Führung vor fast 70 Jahren die Eingliederung der Bundeswehr in den gerade verfassten demokratischen Rechtsstaat „Inneres Gefüge" genannt in deutlicher Unterscheidung zur militärischen Führung, zur „Truppenführung". Erst später wurde Inneres Gefüge in „Innere Führung" umbenannt. Das klang wohl gut, schien vielleicht sogar logisch, zwei Seiten einer Medaille, Innere Führung/Äußere Führung. Aber da war auch schon dem Missverständnis das Tor geöffnet.

„Innere Führung taugt für den Frieden, nicht für den Krieg."

In den langen „Friedensjahren" wurde die militärische Führung in Gefecht und Operation, die „Truppenführung", in den Hörsaal verbannt und in der allgemeinen Diskussion um Bundeswehr fast vergessen. Die „Innere Führung" blieb als die umfassende militärische Führungslehre im allgemeinen Bewusstsein. Da sie das aber weder war noch sein konnte, nahm das Verwirrspiel seinen Lauf. Hatte „Inneres Gefüge"/Innere Führung eigentlich die Verfassungsarmee begründet – alle Einsatzentscheidungen beim Parlament, alle Gesetze und Vorschriften der Verfassung entsprechend – war sie jetzt die Führungslehre der Bundeswehr schlechthin geworden. In einem Interview kritisierte ein Hauptmann, gerade zurück aus dem Einsatz in Afghanistan, die

Innere Führung als untauglich für den Krieg. Auf meine Frage: „Was ist für Sie ‚Innere Führung‘?“ antwortete er: „Das ist es ja, ich weiß es nicht, jeder sagt mir etwas anderes.“ Junge Offiziere suchen ihren eigenen Weg aus Frustration und Wut. Sie schreiben von der heroischen Armee in der unheroischen Gesellschaft oder sind einfach orientierungslos.

Die ZDv 10/1 „Innere Führung …“

Die Zentrale Dienstvorschrift (ZDv) 10/1 „Innere Führung – Selbstverständnis und Führungskultur der Bundeswehr“ ist die grundlegende Vorschrift für den Dienst in der Bundeswehr. Sie erklärt Innere Führung nicht als Führungslehre, sondern treffend als Selbstverständnis und Führungskultur. Die ZDv beschreibt die Grundlagen, u. a. ethische, rechtliche und politische, nennt Gestaltungsfelder wie Menschenführung, Politische Bildung, Recht und soldatische Ordnung. Sie macht prinzipielle Aussagen zum Selbstverständnis der Soldaten … in der Demokratie. „Zentrales Element der Konzeption der Inneren Führung ist das Leitbild des ‚Staatsbürgers in Uniform‘.“

Das ist alles richtig. Nach diesen Grundsätzen haben wir in den Friedensjahren unseren Dienst getan. Sie haben sich längst durchgesetzt. Und dennoch ist der Begriff „Innere Führung“ zum Unwort verkommen, offiziell zum „Exportartikel“, unter den Soldaten fast zum Schimpfwort. Warum diese Missachtung? Die 10/1 strotzt von hehren Postulaten, zeichnet das Bild eines vorbildlichen Bürgers in Uniform detailliert aus, ein Idealbild. Vom Krieg ist kaum die Rede. Ich fand nur eine Stelle: „302. Innere Führung stellt damit ein Höchstmaß an militärischer Leistungsfähigkeit sicher.“ Ein Höchstmaß an militärischer Leistungsfähigkeit?

Kann es etwas konkreter sein? Ist es auch diese Einsatzferne, die diese Vorschrift für Soldaten im Krieg so langweilig macht, kein Interesse weckt und damit auch den Begriff „Innere Führung“ weiter beschädigt?

Erreichen wir die Jungen? Sind unsere Werte verhandelbar? Sind wir im aktuellen Kriegsbild?

Sind wir selber auf der Höhe unserer Zeit? Wir, die die Innere Führung wie ein Dogma bewahren wollen und wir, die Veränderungsbedarf sehen. Kennen wir das Lebensgefühl der heutigen jungen Generation gut genug, um sie zu verstehen und zu erreichen? Sind unsere „Werte" auch die ihren? Sind unsere Werte verhandelbar? Ist der Anspruch auf allgemeine soldatische Grundwerte noch zeitgemäß? Gilt das Selbstverständnis des Soldaten, der auf Befehl in die Gefahr hinein handelt und wissentlich Leib und Leben riskiert, noch für alle? Oder ist eine moderne Armee in ihren Funktionen so aufgefächert, vielfach so Zivilberuf identisch, dass die bisherigen Ansprüche, niedergelegt in der ZDv 10/1 unzeitgemäß, überholt sind? Bleibt ein Kern von Kämpfern am Feind und bleibt für die Masse gemeinsam gerade noch der Eid zum treuen Dienen und vielleicht die Uniform? Vermischt der Hybride Krieg die Ebenen und Gruppen so sehr, dass der Überblick verloren geht?

Diese Fragen müssen bald beantwortet werden, die Konsequenzen können grundlegend sein. Das gilt auch für die komplexe Verschränkung von militärischer und ziviler Führung. Denken wir heute vom aktuellen Stand und versuchen, die bundeswehrinternen Dinge zu ordnen.

Die Gründungsjahre sind vorbei.

Die Gründungsjahre sind vorbei. Die Rücksicht auf die Kriegsmüdigkeit und Militärfeindlichkeit der frühen Nachkriegszeit kann nicht als Dauerausrede einer pazifistischen Gesellschaft dienen, die es sich im Schutzversprechen des großen Bruders USA allzu bequem gemacht hat. Das Parlament schickt seine Soldaten in den scharfen Einsatz, Deutschland ist in Afghanistan seit Jahren kriegführende Nation, in Mali auch und dutzendfach sonst wo. Deutsche Soldaten leisten ihrem Land einen außerordentlichen Dienst an seiner Sicherheit und seiner internationalen Politikfähigkeit. Wir Soldaten sollten unsere Bescheidenheit in Anspruch und öffentlicher Präsenz nicht übertreiben.

Der Begriff „Innere Führung“ ist irreparabel verschlissen. Er sollte durch „Bundeswehr in Staat und Gesellschaft“ ersetzt werden.

Die allgemeine Zeitenwende betrifft auch die Bundeswehr direkt. Weiterdenken, Vereinfachung und Klarheit tut Not. Wann wäre eine günstigere Zeit als jetzt. Die Lehre vom „Inneren Gefüge“ ist in Bundeswehr und Staat umgesetzt und selbstverständlich. Der Begriff „Innere Führung“ aber ist irreparabel verschlissen. Er sollte durch „Bundeswehr in Staat und Gesellschaft“ ersetzt werden. „Staatsbürger in Uniform“ war die konsequente Ableitung von „Verfassungsarmee“. Für eine Wehrpflichtarmee mit 500.000 aktiven Soldaten, 700.000 in der Mobilmachungsreserve und in jedem Jahr weit über 100.000 einberufenen Wehrpflichtigen war sie Anspruch und Ehrentitel, für eine Freiwilligenarmee mit ca. 200.000 Soldaten zu vollmundig, ja belastend. Der Anspruch bleibt, „Bürger und Soldat“ beschreibt ihn angemessen. Er würde auch bei einer Reaktivierung der Allgemeinen Wehrpflicht in der neuen Zeit reichen.

Die aktuelle Lage

Nach 1989 haben Politik und Gesellschaft in ihrer Friedenseuphorie die Bundeswehr abgewirtschaftet. Die Bundeswehrführung hat sich offenbar dem politischen Willen ergeben. In ihrer Verfassungsaufgabe, der Landesverteidigung, ist die Bundeswehr heute nicht einsatzbereit. Ihre Defizite auf allen Gebieten zwischen Ausrüstung und Konzeption sind eklatant. In der Zivilgesellschaft ist die Bundeswehr akzeptiert, aber sie ist ihr gleichgültig. Das Parlament scheut die Debatte, die Ministerin versteht das Besondere des Soldatenberufs nicht und lächelt sich durch Wüsten und Parlament. Die Kanzlerin nutzt den Faktor Bundeswehr in ihrer internationalen Politik, aber Soldaten sind ihr offenkundig fremd. Die Wahl der Ministerin ist ein Zeichen. Die Generalität verhält sich „korrekt“ und tritt nicht hervor. Nur einige Ehemalige: ein Generalinspekteur a. D. im Mai im Fernsehen: „Eigentlich sind die Auslandseinsätze verfassungswidrig.“ Ein sehr hoher deutscher NATO-General vor wenigen Jahren: Wenn auf einem Flur in einem internationalen Stab ein englischer, ein französischer und ein amerikanischer Offizier zusammen stehen und ein deutscher Offizier tritt dazu, dann gehen die anderen auseinander und treffen sich später an anderem Ort.

Und der Nachwuchs? Ein angesehener Professor: „Das sind die Armen, die ökonomischen Verlierer“. Ein evangelischer Militärbischof im Februar in Berlins größter Tageszeitung: „Das sind die neuen Söldner, Menschen, die im Krieg ihren Lebensunterhalt verdienen, weil sie wenig andere Möglichkeiten haben.“

Unsere Soldaten werden in die Spannungsgebiete und Kriege geschickt und fragen sich: ‚Was soll ich hier, für wen trage ich Gesundheit und Leben zu Markte?‘ Und mit der „Inneren Führung“ können sie im Einsatz nichts anfangen, unbewusst leben sie sie, aber sie sind überzeugt, dass alle Unzulänglichkeiten irgendwie mit der „Inneren Führung“ zu tun haben.

Was ist falsch an der deprimierenden Lagebeschreibung? Nicht einmal die Gefallenen in Afghanistan oder Mali regen die Deutschen auf. Für das Gedenken an die Toten gibt es einen abgelegenen Wald und das Ehrenmal für die Gefallenen der Bundeswehr am Bendlerblock ist eine windige Halle an einer Nebenstraße. Deutschland ein schwieriges Vaterland? Ja, aber übertreiben wir die Ergebenheit nicht.

Die soldatische Armee braucht einfache Begriffe bei ihrem Weg in die Normalität.

Belasten wir den Soldaten nicht länger mit einem Begriff, der nicht zu retten ist. Der Soldat mag es einfach, verstehbar, erkennbar das, was wichtig ist. Verlassen wir unseren Elfenbeinturm, legen wir den Begriff, der uns so unendlich viele Stunden und beschriebene Seiten wunderbar umgetrieben hat, in die Historie der Bundeswehr. Bewahren wir seinen großartigen Inhalt und helfen dem Soldaten, indem wir die Bundeswehr in die Normalität von Streitkräften im Einsatz befördern. Das wird ihm auch die Zusammenarbeit mit seinen Kameraden aus anderen Nationen erleichtern. Die Bemerkung „Ach, Ihr habt ja die Innere Führung!“ wird er nicht vermissen. Er hat sie selber nicht verstanden.

Staatsbürger in Uniform war ein zentrales Element der Inneren Führung „Bürger und Soldat“ ersetzt ihn zeitgemäß und problemlos im Gefüge „Bundeswehr in Staat und Gesellschaft“.

Der Soldat muss seine verfassungsmäßige Grundlage und Entsendung kennen, genau wie die ethischen Eckwerte seines Handelns. „Bundeswehr in Staat und Gesellschaft“ und „Bürger und Soldat“ decken das gut ab. Sie werden auch tragen, sollte die Lage sich ändern, die Bedrohung, die Stimmung in der Gesellschaft, das Ansehen der Bundeswehr. Wenden wir mutig unsere Aufmerksamkeit dem zu, was bisher verkümmert, was nach Weltkrieg, Holocaust, Nie wieder deutsche Soldaten., Gründung und Aufbau der Bundeswehr, Frieden/Kalter Krieg vielleicht verzeihbar vernachlässigt wurde, für Streitkräfte im Einsatz aber unverzeihliche Feigheit ist. Deklinieren wir Krieg, Handeln in die Gefahr hinein, Kampf, Verwundung und Tod, Anspruch und Wirklichkeit von Streitkräften in Gesellschaft und Politik, deklinieren wir die soldatische Armee und den Bürger als Soldat, der Selbstbewusstsein und Würde aus seiner ethisch begründeten Tat im Auftrag seines demokratischen Rechtsstaats Deutschland schöpft. Tun wir dies in gelassenem Selbstbewusstsein und tun wir das solange, bis das Bild des Soldaten in unserer Gesellschaft die Realität und den angemessenen Respekt erreicht hat.

Bürger und Soldat

Bürger und Soldat. Konkrete Inhalte und Anspruch für Lehre und Verhalten? Sie waren in der Bundeswehr immer hoch und begründen die Würde dieses besonderen Berufes. Uwe Hartmann hat sie in seinem wegweisenden Buch „Der gute Soldat“ benannt: „Beteiligung an der gesellschaftlichen Debatte, Werte als Energiezentrum, Kraft aus der staatsbürgerlichen Verantwortung, Dialog als Voraussetzung für Vertrauen, persönliche Verantwortung, Bildung lebenslang.“

Zuviel verlangt, zu hoch gefordert? Schauen wir genau hin, was könnte fehlen? Wir wollen nicht Söldner sein, nicht Waffenhandwerker allein, nicht Funktionär, sondern Soldaten in individueller, bürgerlicher Verantwortung für das Ganze.

Führung in der Bundeswehr umfasst „Bundeswehr in Staat und Gesellschaft“ und „Truppenführung“. Sie gehört in eine Hand, an die Führungsakademie.

„Führung in der Bundeswehr“ besteht aus „Bundeswehr in Staat und Gesellschaft“ als rechtliches und ethisches Fundament und „Truppenführung“ als Lehre vom Einsatz der Kräfte in den militärischen Operationen. Zwei Teile, ein Ganzes. Die gehören in eine Hand, natürlich an die Führungsakademie. „Truppenführung“ ist dort der Schwerpunkt der Lehre, „Bundeswehr in Staat und Gesellschaft“ die stets mitzudenkende Basis. Sie ordnet die Einfügung der bewaffneten Macht in den demokratischen Rechtsstaat und setzt die ethischen Kriterien für militärisches Handeln.

Menschenführung

Aus „Bundeswehr in Staat und Gesellschaft“, aus der Einordnung als Verfassungsarmee in das Ganze ergibt sich der „Bürger und Soldat“. „Die Würde des Menschen ist unantastbar“, auch die des Soldaten. „Menschenführung in der Bundeswehr“ leitet sich davon ab, ist nicht Quelle, sondern Folge.

Die Erneuerung muss von Innen kommen.

Nur wer klare Begriffe hat, kann führen. Ich plädiere nicht für eine Revolution, sondern für eine Klärung der Begriffe mit dem Ziel, dass der Soldat sie versteht, akzeptiert und sie ihm in seinem besonderen Auftrag als einfache Wegweiser dienen. Warten wir nicht auf die Weisungen aus der Politik. Wir sind die Armee. Wenn wir wissen, was wir wollen, werden wir die Bundeswehr verändern. Die Erneuerung muss von innen kommen, also aus der Bundeswehr selbst, nicht zögerlich, sondern selbstbewusst, offensiv aus einem außerordentlichen Beruf.

G. L. Hamburg, 15. September 2018

Lieber Gerhard.

Erst heute kam ich dazu, den Text von Werner Rahn „Auf der Suche nach der historischen Wahrheit ...“ aus 2000 gründlich zu lesen. Ich tat es mit selbstverständlichem Interesse am Thema, mit viel Gewinn und großer Zustimmung.

In Sachen Wehrmacht und Tradition haben wir einige unterschiedliche Auffassungen, vielleicht aber auch nur Missverständnisse. Du wirst mir den Text nicht ohne weiteren Kommentar mitgegeben haben, wenn Du ihm nicht im Wesentlichen zustimmen würdest. Ich fand keine Zeile, der ich widersprechen möchte, ja, der ganze Text entspricht meinen Überzeugungen. Er wägt sorgfältig ab und ist aus meiner Sicht gerecht. Deine kritische Anfrage beziehe ich ein. Dein Bemühen, Generalstab und Wehrmachtsführung Gerechtigkeit widerfahren zu lassen ist natürlich aller Ehren wert und entspricht Deinem Bemühen um die gerechte Würdigung von Wehrmacht und ihren Angehörigen, das Du auch aus Deiner früheren Stellung verantwortlich wahrnimmst. Ich habe, im Unterschied zu Dir, zu wenig dazu gelesen und mich in diese Frage nicht ausreichend vertieft. Rahn trifft mein Gesamtbild.

Die infame Verführung durch Hitler und die unentrinnbare Verstrickung der allermeisten Soldaten in den „rassenideologischen Vernichtungskrieg“ stellt Hahn überzeugend dar wie aber auch die Beteiligung der Wehrmachtsführung und hoher Befehlshaber an den Verbrechen.

Sehr bedenkenswert sind die Passagen, in denen Rahn fordert, sich in die Zeit zu versetzen, um „Ursache und Wirkung zu verstehen.“

Ich habe auf Dich wohl nicht selten den Eindruck gemacht, als wolle ich aus meiner ach so gesicherten, bequemen Welt dem deutschen Soldaten des II. Weltkriegs nicht zugestehen, dass er „... bona fide, ehrenhaft gehandelt und tapfer gekämpft“ hat. Das aber habe ich nie angezweifelt, auch wenn es m. E. die Tragik der meisten war, wissentlich oder unentrinnbar einem verbrecherischen System und seinen Führern gedient zu haben. Nicht wenige haben aus unterschiedlichen

Gründen aus eigenem Willen aktiv mitgemacht. Ich glaube, beides muss ausgesprochen werden, wenn aus diesen schlimmen Jahren Lehren für die Zukunft gezogen werden sollen.

Gelernt habe ich, besonders im Gedankenaustausch mit Dir Gerd, dass meine Meinung, der einzelne Soldat der Wehrmacht könne nicht Vorbild sein und Tradition für uns begründen, falsch war. Allein die Männer des 20. Juli waren Einzelne und es hat ganz gewiss darüber hinaus noch viele gegeben, die traditionswürdig sind im Sinne von Menschlichkeit, Tapferkeit und Verantwortung, auch im Sinne von Menschenwürde und Recht.

Karl Jaspers Worte (ca. 1950) haben mir sehr gefallen (S. 19). Und dann Rahns Schluss: „Soldatisches Ethos muss heute darin bestehen, eine freiheitliche Rechtsordnung zu sichern, das Entstehen neuer Kriege zu verhindern und völkerrechtswidrige Konflikte notfalls gewaltsam zu beenden, um damit Grundlagen für Frieden zu schaffen."

Schlussendlich: Ein kluger Text zur Beurteilung eines besonderen Kapitels deutscher Geschichte. Für uns alten, aber ganz besonders für die aktiven Offiziere von heute ein besonders guter Wegweiser.

Sei herzlich gegrüßt, G.

*

In meiner Kirchengemeinde St. Johannis-Harvestehude in Hamburg fand am 18. November, am Volkstrauertag, nach dem Gottesdienst eine Podiumsdiskussion zum Thema „Gesellschaft und Bundeswehr heute: Denken und Beten" statt. Pastor Dr. Gröhn bat mich, an der Podiumsdiskussion teilzunehmen. Mein Einwand, er solle besser einen aktiven Offizier mit Kriegserfahrung einladen, konnte ihn nicht umstimmen. Ich war seit 25 Jahren im Ruhestand. Zur Vorbereitung überdachte ich meine Ausgangslage. Die Überlegungen hielt ich schriftlich fest.

Hamburg, 11. November 2018

Gesellschaft und Bundeswehr heute

Eine Diskussion am Volkstrauertag in St. Johannis-Harvestehude Hamburg

mit Prof. R. Ptak (KDA HH), A. Richter (Haus am Schüberg HH), Pastorin A. Heider-Rottwilm (Church and Peace) u. G. Lünenborg (Offizier a. D.)

Eine Gedankensammlung/freier Vortrag

Volkstrauertag und Bundeswehr. Eine überraschende Gegenüberstellung. Die Bundeswehr vor 63 Jahren gegründet gegen Gewalt und Krieg, zur Bewahrung der Freiheit gegen die Diktatur, 35 Jahre kein scharfer Schuss, heute in 100 Einsätzen im Auftrag der UN, NATO, EU, um Zivilisten vor Gewalt zu schützen, Kriege zu verhindern oder zu beenden, im Ruf, lieber Brunnen zu bohren, Schulen und Krankenhäuser zu bauen, als die Waffen einzusetzen.

Ja, es besteht ein notwendiges Spannungsverhältnis zwischen Zivilgesellschaft in der Demokratie und Militär. Gefühlt zwischen Freiheit und Gehorsam, Individuum und Masse, Wort und Waffen.

Vielerorts steht das Militär im Dienst der Macht, im Dienst von Diktatoren und ihrer unkontrollierten Gewalt. In unserer eigenen jüngsten Geschichte war der militärische Führer zum Halbgott erhoben und das Soldatische zum pädagogischen Ideal.

Als ich 1956 Soldat wurde, war die Bundesrepublik Deutschland gerade sieben Jahre alt und das Ende des 2. Weltkrieges nach bedingungsloser Kapitulationen, nach 55 Millionen Toten lag gerade elf Jahre zurück. Aus den Lehren der Diktatur, des Krieges und der Shoa hatte sich Westdeutschland 1949 eine liberale, bis heute bewunderte Verfassung gegeben.

Deutschland war geteilt, Ost und West standen sich hochgerüstet gegenüber, die Gesellschaftsmodelle Demokratie und Diktatur schienen unvereinbar. Die Bundesrepublik wurde zur Verteidigung des freien Westeuropas gebraucht.

Die Zusage der Mehrheit im neuen Bundestag an die Westalliierten, innerhalb weniger Jahre 500.000 deutsche Soldaten zur Verfügung zu stellen, öffnete uns sehr früh den Weg in die Bündnisse des Westens, die Rückkehr in die Familie der zivilisierten Völker und Schritt für Schritt zur Souveränität.

Ab 1950 hatten ehemalige Soldaten der Wehrmacht und zivile Wissenschaftler die Bedingungen für die Einfügung der neuen deutschen Streitkräfte in den demokratischen Rechtsstaat entworfen und darin das Modell des neuen deutschen Soldaten. Die Bundeswehr wurde der Verfassung unterstellt, alle Entscheidungen über Umfang und Einsätze fällt das Parlament, der Soldat erhielt alle Rechte des Bürgers.

Weder in der deutschen Geschichte, noch im Vergleich mit seinen westlichen Partnern hat es eine so eindeutig an die Verfassung, an Recht und Gesetz gebundene Armee gegeben. Nie war ein deutscher Soldat besser in seinen Rechten gegen Staat und Vorgesetzte geschützt als der Soldat der Bundeswehr.

Dies Modell der Eingliederung der Bundeswehr in den demokratischen Rechtsstaat nennt man „Innere Führung“. Seinen Schöpfern, den Generälen Graf Baudissin, de Maizière und Kielmansegg, verlieh die Universität Hamburg den „Freiherr-vom-Stein-Preis“ für herausragende staatsbürgerliche Verdienste.

Streitfragen wie Eid, Wehrmacht, Tradition, Diktatur, Demokratie mussten in der Bundeswehr aufgearbeitet werden, aber das war eine Herausforderung, der sich die gesamte Gesellschaft stellen musste, die Universitäten, die Behörden, die Schulen. Die Bundeswehr war Vorreiter in der Aufarbeitung, das Konzept „Innere Führung“ setzte sich durch.

In den Jahren des Kalten Krieges, ca. bis 1990, galt die Allgemeine Wehrpflicht. Über 15 Millionen junge Männer wurden zur Bundeswehr einberufen. In allen Betrieben, Behörden, Organisationen, Vereinen und in fast allen Familien gab es aktive oder ehemalige Soldaten. Gleichzeitig war Wehrdienstverweigerung aus Gewissensgründen verbrieftes Recht und wurde im Laufe der Jahrzehnte von einer wachsenden Zahl Wehrpflichtiger in Anspruch genommen.

Das Ansehen der Bundeswehr und ihrer Soldaten in Handwerk und Industrie, in Behörden und in breiten Teilen der Gesellschaft war hoch. Organisierte Wehrdienstverweigerer, Teile der evangelischen Kirche, Teile der SPD und der Gewerkschaften standen der Bundeswehr kritisch gegenüber und hatten viel Raum. Parolen wie „Soldaten sind Mörder!“ oder „Stell dir vor, es ist Krieg und keiner geht hin.“ waren lautstark, Protestierer z. B. gegen den NATO-Nachrüstungsbeschluss für Mittelstreckenraketen füllten die deutschen Marktplätze, in Hamburg waren es Hunderttausende. Sie spalteten die SPD und führten zum Sturz des Kanzlers Helmut Schmidt. Die 68er Bewegung und der Vietnamkrieg der USA beflügelten den Protest. Dennoch: die Bundeswehr lebte in der Gesellschaft, war präsent in den Foren, Herausforderung für Kritik und Solidarisierung, Dienst, Wehrübungen, Uniform gehörten zum Alltag.

Nach dem Zusammenbruch des Warschauer Pakts und der Sowjetunion und der Vereinigung der beiden deutschen Staaten vor 28 Jahren erwarteten wahrscheinlich die meisten Europäer, besonders die Deutschen eine dauerhafte Friedenszeit ohne Spannungen und Konfrontationen, mit offenen Grenzen, Wohlstand und Freiheit, ohne Raketen und Militär.

Die Wehrpflicht wurde ausgesetzt, die Bundeswehr von 500.000 aktiven Soldaten und 700.000 Reservisten auf 200.000 Soldaten verkleinert, viele Kasernen und Übungsplätze verkauft, die gesamte Einberufungsorganisation aufgelöst, der Wehretat deutlich verringert. Die Landes- und Bündnisverteidigung verlor an Bedeutung, es gab ja, so glaubten viele keine Bedrohung, keinen Feind mehr. Die Auslandseinsätze begannen und nahmen von Jahr zu Jahr zu: Deutsche Soldaten in Somalia, Marine am Horn von Afrika, Beobachter auf den Golanhöhen und in der Ukraine, deutsche Luftwaffe über Jugoslawien, in AWACS-Flugzeugen und Tornados über dem Irak und Syrien, Dauereinsatz in Afghanistan, Ausbilder im Irak, zuletzt Mali sind nur einige der weltweiten Einsätze.

Mit dem Ende der Wehrpflicht erlosch das Interesse der Öffentlichkeit, der Gesellschaft an der Bundeswehr.

Derzeit sind ca. 3.600 deutsche Soldaten weltweit eingesetzt im quartalsmäßigen Wechsel. In dieser Stunde tun in Afghanistan ca. 1.250 deutsche Soldaten Dienst. Es starben bei Auslandseinsätzen bisher 103 Soldaten, viele wurden verletzt, Tausende mit posttraumatischen Erkrankungen, oft lebenslang, ungezählt zerstörte Partnerschaften und Familien.

Hubschrauber fliegen nicht, U-Boote fahren nicht, der Militärtransporter 400A wird mit jahrelanger Verspätung zögernd ausgeliefert, das Gewehr trifft angeblich nicht, der Befehl des Oberst Klein zur Bombardierung entführter Tanklaster in Afghanistan wird jahrelang auf Zulässigkeit untersucht und verhandelt, es fehlen Ärzte und Sanitäter, im Parlament wird die Beschaffung bewaffneter Drohnen endlos diskutiert, es fehlen Ersatzteile und Munition.

Die deutsche Gesellschaft interessiert das nur am Rande. Zwei Drittel stimmen der Bündnis- und Landesverteidigung noch zu, knapp die Hälfte den Auslandseinsätzen. Die ständigen Pannenmeldungen amüsieren mehr, als dass sie besorgen, Verzögerungen bei Bahn und Airline dagegen sind Tagesthemen und regen auf.

Nach Wegfall der Wehrpflicht fehlt die emotionale, persönliche und familiäre Bindung an die Bundeswehr. Unsere im Herzen pazifistische Gesellschaft ist, wenn überhaupt, auf wohlwollende Distanz gegangen. Bundeswehr ist ein Dienstleistungsbetrieb wie Straßenreinigung oder Post, nur dass man deren Arbeit sieht und schätzt, weil sie einem erkennbar nützt. Anders Einsatz und Sinn des Dienstes der Soldaten in Afrika oder Asien.

Die Soldaten in Mali, Afghanistan, im Kosovo registrieren das Desinteresse, die Gleichgültigkeit in der deutschen Gesellschaft aufmerksam. Viele fragen sich, wofür sie Leben und Gesundheit einsetzen, manche koppeln sich ab und suchen ihren eigenen Weg. Sie pfeifen auf Akzeptanz und Anerkennung aus der Heimat, verachten die „hedonistische Gesellschaft", die sie in den Krieg geschickt hat und wollen Kämpfer sein nach eigenem Gesetz. 200 Rechtsextreme wurden in den letzten zehn Jahren aus der Bundeswehr entlassen. Das sind nicht mehr als in anderen Bereichen der Gesellschaft, aber Grund zur Aufmerksamkeit genug.

Wer will noch unter die Soldaten? Der evangelische Militärbischof schrieb Anfang dieses Jahres in der größten Berliner Zeitung: „Das sind die neuen Söldner, Menschen, die im Krieg ihren Lebensunterhalt verdienen, weil sie wenig andere Möglichkeiten haben." An der Bundeswehruniversität erlebe ich engagierte, gut ausgebildete junge Offiziere und die jungen Generalstabsoffiziere, die ich kenne, sind exzellent ausgebildet, vertreten selbstbewusst die Armee in der Demokratie und würden jedem Betrieb alle Ehre machen. Und wenn man den Beobachtern zuhört: die Hunderttausend deutschen Soldaten, die im Ausland eingesetzt sind oder waren, machen ihren gefährlichen Dienst professionell. Dennoch: die Mischung, die Perspektive ist gefährlich genug.

Die Bundeswehr ist gegründet zur Verteidigung dieses demokratischen Rechtsstaats Bundesrepublik Deutschland, als Mitglied der NATO und zur Verteidigung von Recht und Freiheit gemäß unserer Verfassung. Der Soldat vertraut sich freiwillig den Einsatzentscheidungen des Parlaments an. Es gelten allein die Regeln, die Werte unserer Verfassung. Das ist kein Selbstläufer. Die Gesellschaft in unserem friedensverwöhnten Land hat sich bequem daran gewöhnt, ihre Sicherheit durch andere garantiert zu bekommen. Sie sollte wissen, warum sie ihre Soldaten in fremde Kriege schickt und ob die sich rasant verändernde politische Lage eine intakte Bundeswehr zur Landes- und Bündnisverteidigung erfordert. Sie sollte sich um ihre Soldaten kümmern und sie sollte zur Kenntnis nehmen, dass die Bundeswehr heute für ihre Kernaufgaben, die Landes- und Bündnisverteidigung, nicht einsatzbereit ist.

Wir würden heute nicht in dieser großartigen Freiheit diskutieren, wenn nicht vor 75 Jahren Millionen Soldaten vieler Nationen unter amerikanischer und sowjetischer Führung die deutsche Gewaltherrschaft über Europa mit ihren Waffen niedergekämpft hätten. Millionen starben in diesem Kampf für die Freiheit. Willi Brandt hat die Bundesrepublik in die UNO geführt und mit der Aufnahme in die Völkergemeinschaft war das Versprechen verbunden, ggf. Soldaten zur Verfügung zu stellen. Unvergessen ist mir die alte Frau im ehemaligen Jugoslawien, Banden zogen durch das Land und mordeten. Als ein deutscher Journalist sie fragte: „Wie können wir helfen?" schrie sie: „Schickt Soldaten!!"

Joachim Gauck fordert von Deutschland, mehr Verantwortung zu übernehmen. Er meint, auch mehr militärische Verantwortung. Die evangelische Kirche nennt das „responsibility to protect". Ohne einsatzbereite Bundeswehr? Wie soll das gehen?

Manfred Groenefeld war von 1975 bis 1980 mein Stellvertreter in der Führung des Pionierbataillons 6 in Plön. Er hatte großen Anteil an den Erfolgen des Bataillons in diesen Jahren. Wir beerdigten ihn am 12.12.2018. Ich hätte gerne diese Trauerrede in der Kirche gehalten.

MANNI eine Trauerrede

Hamburg, 12. Dezember 2018

Manfred Groeneveld war ein Mensch mit vielen Farben. Er liebte das Leben, seine Frau, Haus und Garten. Er war fest verwurzelt in seinem Land, der Bundesrepublik und in seiner Stadt, Plön. Er reiste gern und weit, schaute, schmeckte und lernte. Haus und Garten am Hang waren sein Refugium. Umgeben von seinen Freunden war er ein großzügiger Gastgeber. Manfred Groeneveld liebte Menschen, liebte das Gespräch und hatte dabei einen unerschöpflichen Vorrat an Geschichten. Sein Gedächtnis für Zahlen und Ereignisse war phänomenal. Er war ein Geschichtenerzähler. Er konnte hinreißend erzählen.

Er war nicht der intellektuelle Typ, aber sehr wohl analytisch, mit Überblick, praktisch, ein Macher. Er hielt gerne die Fäden in seiner Hand. Manni war kein Heiliger, er war einer von uns, mitten im Leben.

Wir hatten eine gemeinsame Zeit im Pionierbataillon 6, 1975 bis 1980, fünf gemeinsame Jahre. Es war, gefühlt, die Hochzeit des Bataillons und auch für Manfred wohl die besondere Erfüllung seines Berufslebens. Die Pioniere auf Stadtheide waren damals ein selbstverständlicher und starker Teil der Stadt und der Region. Die 5-Seen-Kaserne, eine der schönsten Kasernen der Bundesrepublik. Belegt vom verstärkten Pionierbataillon 6: 1.200 Soldaten, fünf Kompanien, dazu zwei im Frieden zusätzlich unterstellte. Pi 6 war das größte Pionierbataillon der Republik, mit allen Facetten, vom Sturmboot, über Planierraupen, schneller amphibischer Brücke bis hin zu atomaren Sperrmitteln, dazu Küche, Instandsetzung, Fahrschule, Sanitätsrevier.

Manfred Groeneveld war Stellvertretender Kommandeur und S3-Stabsoffizier. Bei ihm liefen alle Fäden zusammen, er organisierte das Bataillon und er tat es mit Können und mit Leidenschaft. Er organisierte die großen Übungen, die das Bataillon in jedem Jahr wochenlang durch Schleswig-Holstein führten, die großen internationalen Wettkämpfe der NATO, mit denen das Bataillon in seiner Zeit zweimal beauftragt wurde, die jährlichen Truppenübungsplatzaufenthalte, weit entfernt von Plön, die wir mit 150 bis 200 Fahrzeugen, meist LKW, anfuhren.

In diesen Jahren folgte ein Großereignis dem anderen und Manfred Groeneveld war immer in der Mitte des Geschehens. Für ihn galt in besonderer Weise, was damals für uns alle galt, die das Pionierbataillon trugen: Wir liebten unsere Familien, unsere Partner. Unser Leben war das Bataillon. Wir waren immer im Dienst. Wenn ich morgens in die Kaserne rollte, stand der grüne Mercedes längst auf seinem Parkplatz.

Manni wusste, dass harte Arbeit und heitere Feste die beiden Seiten einer Medaille sind. Feste gelingen nur aus Arbeit, Erfolg und einem guten Betriebsklima. Manni wusste das und schaffte die Voraussetzungen. Er liebte es, die Feste zu organisieren, ja zu zelebrieren. Seine ungezwungenen Biwaks nach großen Übungen bei Bier und Gegrilltem, meist bei Sonnenschein. Seine Kameradschaftsabende „Offiziere/Hauptfeldwebel“ am Ende von großen Übungsplatzaufenthalten wird niemand vergessen, der sie miterleben durfte. Es war nie der Alkohol, es waren Mannis intelligente, lebensvolle Sketche aus dem aktuellen Leben des Bataillons und ihre wohl gesetzten Pointen, die das Zelt zum Explodieren brachten. Sein Witz, seine spitze Feder verschonten auch den Kommandeur nicht, ja suchten ihn mit besonderem Vergnügen. Er fand im Wahrnehmen, Gestalten der besonderen Ereignisse, der kleinen Abweichungen von der Norm seine besondere Profession und präsentierte sie in kunstvollem Vortrag, nie verletzend seinem begeisterten Publikum.

Tausend Geschichten wären zu erzählen. Diese ist unverzichtbar: Manni war ein guter Fußballspieler. Das jährliche Spiel „Offiziere gegen Hauptfeldwebel" war ein emotionaler Höhepunkt des Jahres. Die raffinierten psychologischen Tricks, Gerüchte, Falschmeldungen erhöhten die Spannung täglich. Dann kam ein harter Kampf auf dem Rasen, seine Analyse hatte Autorität, und schließlich ein gemeinsames Fest. Er setzte den Ton. Kameradschaft, Fairness und Respekt waren auch hier sein Maßstab.

Im Namen der Plöner Pioniere nehmen wir Abschied von Oberstleutnant außer Diensten Manfred Groenefeld. Er war Soldat mit Leib und Seele. Er war ein herausragender Stellvertretender Kommandeur und S3-Stabsoffizier des Pionierbataillons 6 in Plön. Er liebte das Leben. Er hat unser Leben bereichert durch seine Tüchtigkeit, seinen hinreißenden, intelligenten Witz und seine zuverlässige Kameradschaft. Lieber Manni, mögest Du eine gute letzte Reise haben.

*

Hamburg, im November 2018

Liebe Anna.

Du fragst nach dem Alter, den späten Jahren, wenn eigentlich alles vorbei ist, Aufbruch, Chancen, Siege und Niederlagen. Was bleibt, was bewahrt vorm Absturz? Enttäusche ich Dich jetzt? Das Alter kann eine gute Zeit sein.

Man kann seinen Ruhestand auf unterschiedlichste Art leben. Zwischen Lust und Last. Wir lebten einige Jahre in der Nachbarschaft eines pensionierten Generals und seiner Frau. Ich sah ihn oft am Fenster stehen und lange hinausblicken. Aber der Fahrer kam nicht mehr, es wartete nicht der Stab der Mitarbeiter auf seine Anweisungen und

Befehle. Keine Anfragen, keine Einladung zum Oberbürgermeister und zum Präsidenten.

Er war zwischen Inland und Ausland in seinen über 40 Berufsjahren viele Male versetzt worden, hatte außerdienstliche Beziehungen nie aufgebaut und gepflegt. Er wurde ja immer dienstlich gebraucht, war immer wichtig und hatte sich in dieser Rolle gut und zufrieden eingerichtet.

Seine patente, lebenstüchtige Frau hatte Umzüge und Familie organisiert und sie nach Kräften zusammengehalten. Nun tat sie das, was sie immer getan hatte, organisierte nach der Pensionierung den Umzug, beschickte die neue Wohnung an einem fremden Ort, hielt die Verbindung zu den Kindern und Enkelkindern, machte die Einkäufe und kochte das Essen.

Er erstarrte in der Hülle seiner früheren Rolle, mit der es sich nicht vertrug, die Mülltonne von der Straße her die 80 Meter durch die kleine Bungalowsiedlung zu ziehen, geschweige denn, ein Gespräch über den Gartenzaun mit der jungen Frau des Majors zu führen. Er starb wenige Jahre nach der Pensionierung.

Natürlich ist dies ein Einzelfall. Aber ist er so ganz untypisch für Männer meiner Generation, hochengagiert im Beruf, schließlich in leitender Position, alle Annehmlichkeiten der Stellung, Sekretärin, Fahrer, Bedeutung, Macht. Aber der Ruhestand kommt und er kann 20, 30 Jahre andauern.

General S. war einige Jahre mein Vorgesetzter: kompetent, kultiviert, fordernd, gerecht und er hatte mein ganzes Vertrauen. Seine Frau stammte aus einer Unternehmerfamilie in einer Kleinstadt am Main. Nach seiner Pensionierung ließen sie sich dort nieder. Der General a. D., längst in der Stadt beheimatet, baute das in die Jahre gekommene Stadtmuseum neu auf. Die Arbeit dauerte mehrere Jahre. Die Erneuerung wurde vom Land preisgekrönt, der General a. D. wurde Ehrenbürger der Stadt.

Ich denke an unseren 90jährigen Nachbarn, als wir vor unserem Umzug nach Hamburg in einem kleinen Dorf am Rande der Stadt lebten. Er war geboren und zunächst aufgewachsen in der Räucherkate des Dorfes unter ärmlichsten Umständen. Strebsam, bescheiden, grundanständig war er fast 50 Jahre als Gemeindearbeiter tätig, hatte

Frau und vier Kindern ein sicheres Leben erarbeitet und bis zum Ruhestand einen kleinen Wohlstand: ein eigenes Haus auf Gemeindegrund, ein großer Gemüsegarten, die Kinder zu Fleiß und Anstand erzogen, viele Enkelkinder um ihn herum.

Nun, im hohen Alter, lehnte er oft auf seinem Gartenzaun, wenn ich vorbei ging oder im Garten arbeitete, strahlte mich aus seinem zerfurchten Gesicht unter der alten Kappe mit seinen wachen Augen freundlich an und erwartete einen nachbarschaftlichen Plausch über Gott und die Welt und lieber noch über die kleinen Dinge das Dorfes, den ich dankbar annahm. Er hatte seine Dinge längst mit Herz und Verstand gerichtet und starb gelassen im Kreise seiner Familie.

Meine Generation hat Glück gehabt. 1936 geboren, zu jung, um in den Krieg zu müssen, zur Schule gegangen in einer hoffnungsfrohen Zeit des Um- und Aufbruchs, erwachsen geworden im kräftig wachsenden Wohlstand, in Rechtsstaatlichkeit und Frieden. Als Soldaten dann pensioniert nach erfülltem Berufsleben, ohne in einen Krieg zu müssen, früh im Ruhestand, (vielleicht zu früh, ich war 57), eine sichere Pension. Und unsere späten Jahre immer noch in einem reichen Land, in Recht und Ordnung mit unglaublicher Freiheit, Freiheit zu reisen weltweit oder sich zu vertiefen in seinem Studierzimmer, Freiheit, seine Meinung zu äußern, zu demonstrieren, sich einzumischen, um das zu erhalten, was kluge Väter und Mütter im Grundgesetz festgelegt haben nach den bitteren Lehren aus Diktatur, Terror und Zerstörung.

Ich habe die Millionen deutschen Flüchtlinge um 1945 nicht vergessen, nicht die späte, oft lückenhafte, aber insgesamt großartige Aufarbeitung der nationalsozialistischen Vergangenheit, die Jahre der mörderischen RAF, die fruchtbaren Erschütterungen der „68er", den frischen Wind aus der Bewegung der „Grünen" und die Bedrohung der Freiheit durch die diktatorische Sowjetunion, ihren schließlichen Zusammenbruch und in dessen Folge die Vereinigung der beiden deutschen Staaten BRD und DDR zu einem freiheitlichen, demokratischen Rechtsstaat, der sich nicht nur so nennt, sondern trotz aller Herausforderungen und Probleme des Zusammenwachsens es auch ist.

Wie Du weißt, liebe Anna, wurde ich vor 25 Jahren mit 57 pensioniert. Es war die normale Konsequenz meines Dienstgrads als

Oberstleutnant. Ich kam aus einem ungewöhnlichen Beruf, den ich in der tiefen Überzeugung, das Richtige zu tun mit Hingabe, ja mit Leidenschaft gelebt habe. Die letzten 20 Berufsjahre meist als Kommandeur oder sehr selbständiger Lehrer an der Führungsakademie. Mein Beruf hatte mir ein sehr weites und vielseitiges Feld der Aufgaben und Kontakte geschenkt und alle Freiheit für Initiative und Aktion. Da passte mein lebenslanges Interesse an der „res publica" gut hinein, auf vielen Podien, Arbeitskreisen, „Ehrenämtern" und später auch Bürgerinitiativen gelebt.

20 Jahre nach der Pensionierung habe ich mein erstes Buch geschrieben, ein Buch über meine Berufszeit: „Bürger und Soldat - Innere Führung hautnah", über die Zeit zwischen dem Aufbau der Bundeswehr und ihren ersten Einsätzen in Kriegen, die Zeit zwischen 1956 und 1993. Danach ein kleines Büchlein über die Begegnungen mit meinen Enkeln: „Opas Zähne. Omas Brot". Du kennst es. Im Dezember 2017 druckte der Miles-Verlag meine 10 Briefe zum Offiziersberuf heute unter dem Titel „Verstand und Emotion Demokratie – Krieg – Tradition" und gerade beende ich die Arbeit an meinem vierten Buch: „im Ruhestand".

Natürlich, das hat mich „jung" gehalten. Aber die Texte sind doch nur das Ergebnis meiner Beschäftigung mit der Welt, in der ich lebe, der Gespräche, die ich darüber täglich führe mit meiner Frau und oft mit anderen, der Erlebnisse im Theater, Kino, Konzert, auf Reisen, im theologischen Gesprächskreis, auf Entdeckungswegen in der Stadt. Unsere Welt ist spannend, großartig. Das Leben ist schön!

Alter kann eine gute Zeit sein. Wenn Du an Gelungenem Dich erfreuen kannst und mit dem Unvollendeten oder gar Misslungenem nicht mehr haderst. Du hast Zeit, kannst das tun, was dir Freude macht, aber warte nicht auf das Ende, halte die Spannung.

Herzlich und bis bald Dein G.

*

„Mehr sein, als scheinen." und „Der Offiziersberuf ist ein eminent politischer Beruf." Moltke aus einem sieggewohnten, militärfrommen Preußen, Baudissin, kaum zehn Jahre nach 1945 an Offiziere einer Armee im Aufbruch ins Ungewisse, deren Ausbilder in der Diktatur geprägt waren und nun mit ihren jungen Soldaten den Weg der neuen Armee in der Demokratie finden mussten. „Ein eminent politischer Beruf". Das gilt auch heute, 60 Jahre später. Moltke und Baudissin, das muss kein Widerspruch sein.

Wir leben in einer Zeit der schnellen Veränderungen und der dramatischen Umbrüche. Der Soldat steht in den Bruchlinien. Unsere noch immer eher pazifistisch gesinnte Gesellschaft wird ihn in Einsätze und Kriege schicken, aber nicht mit Empathie, Interesse und Verständnis begleiten. Die Offiziere müssen diese Begleitung einfordern und selbst die Streitkräfte unter dem Primat der Verfassung auf Kurs halten. Der deutsche Soldat bleibt Bürger und nicht Söldner.

Gustav Lünenborg, Oberstleutnant a. D.

Jahrgang 1936, aufgewachsen bis zum Abitur in Rheine/Westfalen
Soldat seit 1956, Truppengattung Pioniere

<u>Verwendungen:</u>

1958 - 1960	Zugführer im Gebirgspionierbataillon 8 Degerndorf/Inn	Lt.
1960 - 1961	Sicherheits- u. Personaloffizier, S2/S1 Degerndorf/Inn	OL
1961 - 1963	Divisionsjugendoffizier 1. Gebirgsdivision Garmisch	
1963 - 1965	Kompaniechef Gebirgspionierbataillon 8 Degerndorf/Inn	H
1965 - 1967	Brigadepionierführer Gebirgsjägerbrigade 22 u. Kompaniechef Gebirgspionierkompanie 220, Degerndorf/Inn	
1967 - 1969	Hörsaalleiter Heeresunteroffiziersschule I Sonthofen	
1969 - 1972	Lehrstabsoffizier u. Pionierstabsoffizier Schule Technische Truppen II Bremen	M/OTL
1972 - 1974	Lehrstabsoffizier u. Hörsaalleiter Heeresoffiziersschule II Hamburg	
1974 - 1975	Generalstabslehrgang A Führungsakademie Hamburg	
1975 - 1981	Divisionspionierführer 6. Panzergrenadierdivision und Kommandeur Pionierbataillon 6 Plön	
1981 - 1987	Dozent für Pionierwesen Führungsakademie Hamburg	
1987 - 1993	Kommandeur Verteidigungskreiskommando 113 Bad Segeberg	

Abkürzungsverzeichnis

BMVg	Bundesministerium der Verteidigung
Baudissin	Graf von …, Generalleutnant, Reformer entwarf ab 1950 im Amt Blank, dem Vorläufer des BMVG, mit einigen anderen Offizieren das Konzept „Innere Führung“
Brig	Brigade
BW	Bundeswehr
Div	Division
DLF	Deutschlandfunk
EvAk	Evangelische Akademie
FüAk	Führungsakademie der Bundeswehr
Fw	Feldwebel
Gen	General
GenstLg	Generalstabslehrgang
H	Hauptmann
HDV	Heeresdienstvorschrift
HSU	Helmut-Schmidt-Universität (Hamburg)
i. G.	im Generalstabsdienst
IF	Innere Führung
JB IF	Jahrbuch Innere Führung
Kdr	Kommandeur
KpChef	Kompaniechef
KSZE	Konferenz über Sicherheit und Zusammenarbeit in Europa
.loyal	Magazin für Sicherheitspolitik
L, Ol	Leutnant, Oberl.
Maj	Major
MdB	Mitglied des Deutschen Bundestages

Naumann	Klaus, General a. D. und Experte f. Sicherheitspolitik, ehemaliger Generalinspekteur und Vorsitzender des NATO-Militärausschusses
NVA	Nationale Volksarmee (DDR)
O	Oberst
Ofw	Oberfeldwebel
Offz	Offizier
OL	Oberleutnant
OTL	Oberstleutnant
P	Personalamt
PRT	Provincial Reconstruction Team (Zivil-militärisches Wiederaufbauteam/Provinz)
PiBtl	Pionierbataillon
PiStOffz	Pionierstabsoffizier
PiSpezSperrKp	Pionierspezialsperrkompanie
PzGrenDiv	Panzergrenadierdivision
S3	Stabsoffizier für Organisation
SiPo	Sicherheitspolitik
STTr	Schule der Technischen Truppen II Bremen
TF	Truppenführung
TK	Territorial Kommando
Uffz	Unteroffizier
VBK	Verteidigungsbezirkskommando
VK	Verteidigungskreis
VKK	Verteidigungskreiskommando
VtgAussch	Verteidigungsausschuss
ZDV	Zentrale Dienstvorschrift
ZIF	Zentrum Innere Führung

Bereits erschienen:

„Bürger und Soldat – Innere Führung hautnah
1956 - 1993/1993 - 2015"
Carola Hartmann Miles-Verlag 2015
ISBN 978-3-945861-07-3

„Opas Zähne. Omas Brot
von Großeltern und Enkeln
Begegnungen" (Alf Borg)
Miles-Verlag 2015

„Verstand und Emotion
Demokratie – Krieg – Tradition
zum Offiziersberuf heute
10 Briefe"
Miles-Verlag 2018

Carola Hartmann Miles-Verlag

Militär, Politik und Gesellschaft

Uwe Hartmann, *Innere Führung. Erfolge und Defizite der Führungsphilosophie für die Bundeswehr,* Berlin 2007

Hans-Christian Beck, Christian Singer (Hrsg.), *Entscheiden – Führen – Verantworten. Soldatsein im 21. Jahrhundert,* Berlin 2011.

Reiner Pommerin (ed.), *Clausewitz goes global. Carl von Clausewitz in the 21st Century, Berlin 2011.*

Wolf Graf von Baudissin, *Grundwert Frieden in Politik – Strategie – Führung von Streitkräften,* hrsg. von Claus von Rosen, Berlin 2014.

Wolf Graf von Baudissin, *Der Widerstand. „... um nie wieder in die ausweglose Lage zu geraten...",* hrsg. von Claus von Rosen hrsg. von Claus von Rosen, Berlin 2014.

Marcel Bohnert, Lukas J. Reitstetter (Hrsg.), *Armee im Aufbruch. Zur Gedankenwelt junger Offiziere in den Kampftruppen der Bundeswehr,* Berlin 2014.

Phil C. Langer, Gerhard Kümmel (Hrsg.), *„Wir sind Bundeswehr." Wie viel Vielfalt benötigen/vertragen die Streitkräfte?,* Berlin 2015.

Alois Bach, Walter Sauer (Hrsg.), *Schützen.Retten.Kämpfen. Dienen für Deutschland,* Berlin 2016.

Marcel Bohnert, Björn Schreiber (Hrsg.), *Die unsichtbaren Veteranen. Kriegsheimkehrer in der deutschen Gesellschaft,* Berlin 2016.

Donald Abenheim and Carolyn Halladay, *Soldiers, War, Knowledge and Citizenship: German-American Essays on Civil-Military Relations,* Berlin 2017.

Dirk Freudenberg, *Theorie des Irregulären. Erscheinungen und Abgrenzungen von Partisanen, Guerillas und Terroristen im Modernen Kleinkrieg sowie Entwicklungstendenzen der Reaktion, 3 Bde.,* Berlin 2018.

Wolfgang Peischel (Hrsg.): *Wiener Strategie-Konferenz 2017 – Strategie neu denken, Reihe: Wiener Strategie-Konferenz, Bd. 2***,** Berlin 2018.

Markus Reisner, *Robotic Wars – Legitimatorische Grundlagen und Grenzen des Einsatzes von Military Unmanned Systems in modernen Konfliktszenarien,* Berlin 2018.

Angelika Dörfler-Dierken (Hrsg.), *Hinschauen! Geschlecht, Rechtspopulisums, Rituale: Systemische Probleme oder individuelles Fehlerverhalten?*, Berlin 2019.

Schriften zur Tradition

Eberhard Birk, Winfried Heinemann, Sven Lange (Hrsg.), *Tradition für die Bundeswehr. Neue Aspekte einer alten Debatte*, Berlin 2012.

Donald Abenheim, Uwe Hartmann (Hrsg.), *Tradition in der Bundeswehr. Zum Erbe des deutschen Soldaten und zur Umsetzung des neuen Traditionserlasses*, Berlin 2018.

Joachim Welz, *Vom Kontingentsheer zum Reichsheer: Militärkonventionen als Motor der Wehrverfassung*, Berlin 2018.

Donald Abenheim, Uwe Hartmann, *Einführung in die Tradition der Bundeswehr. Das soldatische Erbe in dem besten Deutschland, das es je gab*, Berlin 2019.

Eberhard Birk, Heiner Möllers (Hrsg.), *Die Luftwaffe und ihre Traditionen (aus der Reihe Schriften zur Geschichte der Deutschen Luftwaffe, Band 10)*, Berlin 2019.

Hans-Günter Behrendt (Hrsg.), *Erinnerungsorte der Bundeswehr. Personen, Ereignisse und Institutionen der soldatischen Traditionspflege*, Berlin 2020.

Erinnerungen

Blue Braun, *Erinnerungen an die Marine 1956–1996*, Berlin 2012.

Klaus Grot, *So war's, damals. Dienstchronik eines Pionieroffiziers im Kalten Krieg 1954–1991*, Berlin 2014.

Gustav Lünenborg, *Bürger und Soldat. Innere Führung hautnah 1956–1993, 1993–2015*, Berlin 2015.

Adolf Brüggemann, *Als Offizier der Bundeswehr im Auswärtigen Dienst. Meine Erinnerungen als Militärattaché in Seoul (Republik Korea) 1978–83 und in Prag (Tschechoslowakei/Tschechien) 1988–1993*, Berlin 2015.

Rainer Buske, *Eine Reise ins Innere der Bundeswehr. Wundersame Geschichten aus einer anderen Welt*, Berlin 2016.

Heinz Laube, *Duell am Himmel*, Berlin 2016.

Viktor Toyka, *Dienst in Zeiten des Wandels. Erinnerungen aus 40 Jahren Dienst als Marineoffizier 1966-2000,* Berlin 2017.

Hans-Eckhard Tribess (Hrsg.), *Im Leben unterwegs – für den Frieden. Festschrift für Wolfgang Altenburg zum 90. Geburtstag am 22. Juni 2018,* Berlin 2019.

Kurt Graf v. Schweinitz, *Notizen im Transit von Krieg und Frieden,* Berlin 2020.

Militärgeschichte

Ingo Pfeiffer, *Gegner wider Willen. Konfrontation von Volksmarine und Bundesmarine auf See,* Berlin 2012

Eberhard Kliem, Kathrin Orth, *"Wir wurden wie blödsinnig vom Feind beschossen". Menschen und Schiffe in der Skagerrakschlacht 1916,* Berlin 2016.

Hans Frank, Norbert Rath, *Kommodore Rudolf Petersen. Führer der Schnellboote 1942–1945. Ein Leben in Licht und Schatten unteilbarer Verantwortung,* Berlin 2016.

Eckhard Lisec, *Der Völkermord an den Armeniern im 1. Weltkrieg – Deutsche Offiziere beteiligt?,* Berlin 2017.

Ingo Pfeiffer, *Heinz Neukirchen. Marinekarriere an wechselnden Fronten,* Berlin 2017.

Joachim Welz, *Erfolgsstory oder Trauma – die Übernahme von Armeen. Lehren aus der Übernahme des österreichischen Bundesheeres in die Wehrmacht 1938 und der Reste der NVA in die Bundeswehr 1990,* Berlin 2018.

Joachim Hoppe, Manfred Wilde (Hrsg.), *Die Unteroffizierschule des Heeres, Die militärische Meisterschule,* Berlin 2016.

Georg Neuhaus, *Am Anfang war ein Speer. Eine Chronographie der Kriegs- und Militärtechnologien,* Berlin 2018.

Jobst Reller, *Die Anfänge der evangelischen Militärseelsorge,* Berlin 2019.

Hans-Werner Ahrens, *Die Transportflieger der Luftwaffe 1956 bis 197. Konzeption – Aufbau – Einsatz, (Reihe Schriften zur Geschichte der Deutschen Luftwaffe, Band 8),* Berlin 2019.

Eberhard Frhr. v. Senden, Friedrich Frhr. v. Senden, *Der Erste Weltkrieg 1914–1918. Erlebnisse eines jungen Leutnants,* Berlin 2020

Einsatzerfahrungen

Artur Schwitalla, *Afghanistan, jetzt weiß ich erst… Gedanken aus meiner Zeit als Kommandeur des Provincial Reconstruction Team FEYZABAD,* Berlin 2010.

Rainer Buske, *KUNDUZ. Ein Erlebnisbericht über einen militärischen Einsatz der Bundeswehr in AFGHANISTAN im Jahre 2008*, Berlin [2]2016.

Marcel Bohnert, Andy Neumann, *German Mechanized Infantry on Combat Operations in Afghanistan*, Berlin 2017.

Jahrbuch Innere Führung (seit 2009)

Uwe Hartmann, Claus von Rosen (Hrsg.), *Jahrbuch Innere Führung 2015. Neue Denkwege angesichts der Gleichzeitigkeit unterschiedlicher Krisen, Konflikte und Kriege,* Berlin 2015.

Uwe Hartmann, Claus von Rosen (Hrsg.), *Jahrbuch Innere Führung 2016. Innere Führung als kritische Instanz,* Berlin 2016.

Uwe Hartmann, Claus von Rosen (Hrsg.), *Jahrbuch Innere Führung 2017. Die Wiederkehr der Verteidigung in Europa und die Zukunft der Bundeswehr,* Berlin 2017.

Uwe Hartmann, Claus von Rosen (Hrsg.), *Jahrbuch Innere Führung 2018. Innere Führung zwischen Aufbruch, Abbau und Abschaffung: Neues denken, Mitgestaltung fördern, Alternativen wagen,* Berlin 2018.

Uwe Hartmann, Claus von Rosen (Hrsg.), *Jahrbuch Innere Führung 2019. Bundeswehr im Aufbruch. Hindernisse von den verteidigungspolitischen Vorstellungen der AFD bis zu den sicherheitspolitischen Meinungen in der Zivilgesellschaft,* Berlin 2019.

Standpunkte und Orientierungen

Daniel Giese, *Militärische Führung im Internetzeitalter,* Berlin 2014.

Dirk Freudenberg, *Auftragstaktik und Innere Führung. Feststellungen und Anmerkungen zur Frage nach Bedeutung und Verhältnis des inneren Gefüges und der Auftragstaktik unter den Bedingungen des Einsatzes der Deutschen Bundeswehr,* Berlin 2014.

Hartwig von Schubert, *Integrative Militärethik. Ethische Urteilsbildung in der militärischen Führung,* Berlin 2015.

Uwe Hartmann, *Hybrider Krieg als neue Bedrohung von Freiheit und Frieden. Zur Relevanz der Inneren Führung in Politik, Gesellschaft und Streitkräften*, Berlin 2015.

Klaus Beckmann, *Treue.Bürgermut.Ungehorsam. Anstöße zur Führungskultur und zum beruflichen Selbstverständnis in der Bundeswehr*, Berlin 2015.

Florian Beerenkämper, Marcel Bohnert, Anja Buresch, Sandra Matuszewski, *Der innerafghanische Friedens- und Aussöhnungsprozess*, Berlin 2016.

Martin Sebaldt, *Nicht abwehrbereit. Die Kardinalprobleme der deutschen Streitkräfte, der Offenbarungseid des Weißbuchs und die Wege aus der Gefahr*, Berlin 2017.

Christian J. Grothaus, *Der „hybride Krieg" vor dem Hintergrund der kollektiven Gedächtnisse Estlands, Lettlands und Litauens*, Berlin 2017.

Uwe Hartmann, *Der gute Soldat. Politische Kultur und soldatisches Selbstverständnis heute*, Berlin 2018.

Christian Bauer, Marcel Bohnert, Jan Pahl, *Vitalis Innere Führung! Zum Status Quo der Führungskultur in den deutschen Streitkräften*, Berlin 2018.

Helmut Jermer, *Innere Führung kompakt. Eine Zusammenschau als Lehr- und Lernhilfe*, Berlin 2019.

Martin Sebaldt, *Das Elend der Strategen. Warum die deutsche Militärpolitik versagt*, Berlin 2020.

Schriften zur Geschichte der Deutschen Luftwaffe

Eberhard Birk, Heiner Möllers, Wolfgang Schmidt (Hrsg.), *Die Luftwaffe zwischen Politik und Technik, Bd. 2*, Berlin 2012.

Eberhard Birk, Heiner Möllers (Hrsg.), *Luftwaffe und Luftkrieg, Bd. 3*, Berlin 2012.

Claas Siano, *Die Luftwaffe und der Starfighter. Rüstung im Spannungsfeld von Politik, Wirtschaft und Militär, Bd. 4*, Berlin 2016.

Eberhard Birk, Peter Andreas Popp (Hrsg.), *Luftwaffenoffizier 21 – Das Selbstverständnis der Luftwaffenoffiziere des 21. Jahrhunderts, Bd. 5*, Berlin 2016.

Eberhard Birk, Heiner Möllers (Hrsg.), *Luftwaffe und Luftverteidigung, Bd. 6,* Berlin 2017.

Dirk Schreiber, *Die Luftwaffe und ihre Doktrin. Einsatzkonzeptionen bis 1971, Bd. 7,* Berlin 2018.

Hans-Werner Ahrens, *Die Transportflieger der Luftwaffe 1956 bis 1971. Konzeption – Aufbau – Einsatz, Bd. 8,* Berlin 2019.

Hans-Werner Ahrens, *Die Rettungsflieger der Luftwaffe 1956 bis 1971. Konzeption – Aufbau – Einsatz, Bd. 9,* Berlin 2019.

Eberhard Birk, Heiner Möllers (Hrsg.), *Die Luftwaffe und ihre Traditionen, Bd. 10,* Berlin 2019.

Monterey Studies

Uwe Hartmann, *Carl von Clausewitz and the Making of Modern Strategy,* Potsdam 2002.

Frank Hagemann, *Strategy Making in the European Union,* Berlin 2010.

Ralf Hammerstein, *Deliberalization in Jordan: the Roles of Islamists and U.S.-EU Assistance in stalled Democratization,* Berlin 2011.

Jochen Wittmann, *Auftragstaktik,* Berlin 2012.

Michael Hanisch, *On German Foreign und Security Policy. Determinants of German Military Engagement in Africa since 2011,* Berlin 2015.

Grégoire Monnet, *The Evolution of Strategic Thought Since September 11, 2001,* Berlin 2016.

Stefan Klein, *America First? Isolationism in U.S. Foreign Policy from the 19th to the 21st Century,* Berlin 2017.

Torsten Gojowsky, Sebastian Kögler, *Building Special Operations Relationships with Fragile Partners. Best practices from Iraq, Syria, and Afghanistan,* Berlin 2019.

Darell Moyers, *Frontline Leadership – Leadership Advice for USAF Junior Officers, Mid-Grade Officers & NCOs,* Berlin 2020.

Offiziersbibliothek

Band I: Uwe Hartmann, *Deutschland,* Berlin 2020.

www.miles-verlag.jimdo.com